顔色をうかがうは
正解だった！

0・2秒のホンネ

微表情を見抜く技術

清水建二

飛鳥新社

はじめに

銀座にある某有名コーヒーチェーン店。私はコーヒーの香りに包まれながら、何をどう話すか思考を巡らせていました。流れてきた名曲「White Christmas」に思考が遮《さえぎ》られ、ふと顔を上げると、待ち合わせの相手がいました。

私「あの、小嶋さんですか？」

男性「あ、はい、小嶋です。清水さんですか？」

私「はい、はじめまして。空気を読むを科学する研究所の清水建二です。本日はよろしくお願いいたします」

男性「こちらこそ、どうぞよろしく」

この男性、小嶋さんは、心理学を用いてビジネスのパフォーマンスを高めることを目的としたセミナーを定期的に開催している、40代の会社経営者です。

ネット情報から小嶋さんの事業に興味を持った私は、**「微表情《びひょうじょう》」**を小嶋さんのセミナーに取り入れてもらえないかと思い、ミーティングの場を設けさせていただいたのです。そしてその日、私は初めて小嶋さんに会い、微表情がビジネスをはじめとしたあらゆる対面コミュニケーションにいかに有効なのかを話しました。

小嶋さんは私の話に乗り気で、姿勢はやや前屈みになり、手の平をこちらに向けて私の話を聞いていました。

しかし、具体的なビジネスモデルの提案を話し始めたとき、彼は、微笑を浮かべつつも一瞬だけ、小刻みに、唇の片側の端を持ち上げ、自身の言葉を発したのです。

小嶋「(一瞬、非対称な微笑を浮かべながら)清水さんって本当に微表情が好きなんですね」

私「………はい。微表情好きですよ」

小嶋「すみません。お話を中断させてしまって。どうぞ続けてください」

私「すみません。私ばかり話してしまって。何かご意見はありますか？　もしくは本日はここまでにしておきましょうか？」

小嶋「え？　……そうしますか？　それでは、私から一点ご提案があります。清水さんは大学に戻られて、もっと勉強して、日本の微表情の権威となられてはいかがでしょうか？　現段階で微表情をビジネス化するのは困難かと思われます。もう少し、機が熟すのを待たれてはどうでしょうか」

そう言って小嶋さんは、私との今後の展開はないという空気を漂わせながら、席を立って店を出て行きました。

このミーティングの1ヶ月後、世界中に広がる微表情トレーナーのネットワークから私のところに連絡が入り、彼が私のビジネスモデルを盗もうとしていたことが発覚しました。口では「微表情はビジネスにならない」と言っておきながら、私が実行しようとしていたことを自らが行なおうとしていたのです。

みなさん、私はどうして彼の本性を見抜けたと思いますか？　そう、彼の顔に一瞬だけ浮かんだ微表情を読みとったのです。

彼が会話の途中で一瞬浮かべていた表情は、なんと**「軽蔑」**でした。

「軽蔑」とは、**他者に対する優越感を含む感情**で、表情としては、唇の片側の端（口角）が持ち上がる状態として表われます。彼は、私がビジネスプランを提案しているまさにそのとき、私を見下し、そのモデルを横取りしようと思っていたのでしょう。

幸い、私は彼の微表情から、私のビジネスモデルの核心となる情報を話すことに躊《ちゅう》躇《ちょ》し、その情報を開示しなかったため、彼に重要な情報源を奪われることはありませんでした。

これからお伝えするのは、科学と経験の両方の角度から、**確実に相手のホンネを見抜く技術**です。

私が人間を理解しようとあらゆる手段に手を出した結果、到達した学問「微表情」をもとに、相手のホンネを見抜き、会話で絶対に損をしない方法を紹介していきます。

微表情とは、0・2秒だけ人の顔に表われる無意識の表情のことをいいます。後ほど詳しく説明しますが、表情は、私たちが生まれながらにして持っているコミュニケーションのシグナルであり、文化や民族、性別、年齢、時代、さらに生まれつき目の見えない方を問わず、私たちの顔に表われることが知られています。

この、無意識に表われるサインを見逃さなければ、瞬時に相手の感情を読みとることができます。微表情を読む技術を手に入れれば、先に挙げた話のように、降りかかる災難から身を守り、力強い味方を増やすことができるでしょう。

近年、表情をコミュニケーションに活かす方法がますます重視されています。実際、アメリカやヨーロッパに拠点を置く有名企業の数々で、微表情のトレーニングが行なわれているのです。

私たちの生活でも、表情を読めるかどうかが、会話の主導権を支配すると言っても過言ではありません。微表情を読みとるスキルは、**科学を下地にした、今までにない全く新しいコミュニケーションの技術**なのです。

私は、微表情の読みとりのコンサルティング業務を通して、仕事を成功させ、プライベートも充実された方を何人も見てきました。本書では、その方法を学問的な知見を下地にわかりやすく、誰でも実践できるようにまとめました。

微表情を読みとる技術は、ビジネスを成功に導くだけでなく、人間を深く理解し、日々の人々との関わり方を劇的に良き方向へと変えてくれます。

みなさんの毎日が、思いやりと、豊かな感情にあふれたものになるよう、心よりお祈り申し上げます。

※冒頭に挙げた事件に関しては事件関係者が特定されないように事実が大きく変わらない程度に変更を加えています。

もくじ

第2章 無意識のシグナル7つの表情を読む

第3章 コミュニケーションを支配する微表情の使い方

第4章

感情を読む力が、人生を成功に導く

第 1 章

0.2秒で ホンネがわかる 最強の心理術

コミュニケーションでは、些細な誤解が命取りになる

突然ですが、みなさんは、ビジネスや日常生活の中で交わされるコミュニケーションの場面で、次のような経験はないでしょうか？

・営業の場面で凄くノリノリのお得意様。あれ？　結局買ってくれないの？
・お客様からの何気ないお問い合わせ。普通に対応したはずなのにクレームに発展！
・プレゼンであんなにニコニコ顔を見せていた上司。それなのに私の提案は不採用!?
・一応、契約は成立したのだけど、もしかして凄く譲歩してしまったかも？
・ダマされた！「儲かる」投資話が、全くのデタラメだった！
・「凄く調子、良いですよ！」と言っていた部下が突然、心の病に……
・ケンカして仲直りしたはずの恋人に突然、別れ話を切り出された

・とにかく、空気が読めない！

いかがでしょう。

心当たりはありますでしょうか？

実は、こうした問題には、ある共通点が潜《ひそ》んでいます。それは、**「相手のホンネを見逃してしまっている」**ということです。

え？　そんなことは当たり前ですって⁉

そうですよね。当然、相手のホンネがわかれば、先に挙げたようなコミュニケーションの誤解は生じないはずです。

それでは、こうした誤解を防ぎ、相手のホンネを正しく知ってコミュニケーションに活かすにはどうしたらいいのでしょうか？

その秘訣が本書でスポットを当てる「微表情」という現象にあるのです。

ここで先に挙げた例を逆に考えてみましょう。このような問題を難なくクリアしたり、問題になる前に事前に危機を回避したりして、様々な人とのコミュニケーションを非常にうまくやってのける人を想像してみてください。
みなさんの周りでどんな人が思いつきますか？

・売上ナンバー1のセールスマン、成約率トップレベルの保険外交員
・多くのお客様から指名を取る接客スタッフ
・プレゼン上手な同僚
・応募者のウソを正確に判断できる敏腕面接採用官
・多くの部下から慕《した》われているマネージャー
・数々の企業を再生してきた一流の経営者
・プライベートも順風満帆《じゅんぷうまんぱん》なビジネスマン……etc.

なんて人々を思い浮かべられたのではないでしょうか。

このように、コミュニケーションの上手な人を見ていると、どんなタイミングで、どんな調子で、相手に言うべき言葉や表現すべき態度を選んでいるのだろう？　と思われるでしょう。こうした人たちは、俗に「空気が読める」「〝察し〟上手」と呼ばれていますね。

しかし、「空気を読む」「相手の心を〝察する〟」と言われたところで、どうやってそれをやればいいのか、わからない場合が多いのではないでしょうか。

事実、それが自然にできてしまっている人たちに「なぜあなたはそんなに空気を読むのが得意なのですか？」「どのように人の心を正確に察知することができるのですか？」「なぜコミュニケーションがそんなに上手なのですか？」と聞いてみても、彼らは、口をそろえて「わからない」「なんとなく」と答えます。

それを真に受けて「そのうちにコミュニケーション能力は身に付くものなのかなぁ」などと悠長に構えているわけにもいきません。それもそのはず、こうした能力は、仕事の成果に直結することが多いため、ビジネスの現場では早急に身に付けなければならないのです。

顔色をうかがうは正解だった！

前節でも触れたように、「空気が読める」「〝察し〟上手」であることは、コミュニケーションにおいてとても大事な役割を果たしています。

けれど、「空気を読む」「相手の心を〝察する〟」といっても、どう読めばいいのか、どう察すればいいのか、わからない方も多いはずです。

そのため、今まで自分のコミュニケーションの方法が正解か不正解かわからないまま、試行錯誤の繰り返し……という方法しかとれなかったのではないでしょうか。

しかも、このような「空気を読む」「〝察する〟」方法を誰かから教わろうとしても、コミュニケーション能力のある人は、そもそもなぜ自分が「空気が読める」のかがクリアになっていないため、経験則でしかその方法を周りの人に伝えられません。

経験に培《つちか》われた法則は正しい場合もありますが、残念ながら正しくない場合もあります。それに、経験則はある人にとっては有効でも、多くの人にとって有効であるとは限りません。

このように、現状ではコミュニケーション名人の暗黙知《あんもくち》を教わる人も、どのように教わればいいのかがわからなければ、教える人も、どのように教えるべきかわからないのです。

つまり、「空気を読む」「〝察する〟」という能力がスキル化されていないということ。もっと言えば、体系的に整理されていないために、この能力を正しく身に付けることも、正しく伝えることも難しい状況になってしまっているのです。

それでは、どうしたらいいのでしょうか？

結論から言うならば、「微表情」を読みとるスキルを身に付ければ、強力なコミュニケーションツールとなり、ビジネスや日常生活の「空気を読む」「〝察する〟」方法を明らかにしてくれます。

言うなれば、正しく顔色をうかがうことで相手のホンネを瞬時に察知し、円滑なコミュニケーションをとれるということです。

■ 対人名人たちの暗黙知を「見える化」する

実は、様々な研究から、微表情を読みとる能力とコミュニケーションの巧みさとの関係が明らかになっています。

売上ナンバー1のセールスマン、応募者のウソを正確に判断できる敏腕面接採用官、数々の企業を再生してきた一流の経営者のような方たちは、自分のコミュニケーション能力の高さを他人に明確には説明できないものの、皆が共通して高い微表情の読みとり能力があることがわかっているのです。

そう、**「空気を読む」「〝察する〟」のが得意な人々は、実は相手の微表情を瞬時に読みとっていた**のです。

さらに、微表情は科学であるため、その現象がどういった状況でなぜ起こり、どのようにトレーニングをすれば微表情を読みとる能力が身に付けられるのかが体系的に説明ができます。

微表情の科学は、いわば、対人コミュニケーションの名人たちの暗黙知を「見える化」してくれるものなのです。

微表情の科学では、暗黙知をスキル化することができます。スキル化されれば、コミュニケーションのスキルを正しく学ぶことも、正しく伝えることもできるでしょう。

0・2秒のシグナル「微表情」とは？

それでは、先ほどから登場している「微表情」とは、いったい何なのでしょうか。

それはずばり、**「抑制された感情がフラッシュのように一瞬で表われては消え去る微細な顔の動きのこと」**を言います。

微表情がどのくらいの間、顔に表われているかというと、なんと**0・2秒以下**です。速いものだと0・1秒のものも0・05秒のものもあることが知られています。あまりに速く、あまりに微細な動きのために、読みとる方法を学ばない限りコミュニケーションの中でほとんど見過ごされてしまいます。

実は、微表情が何種類あるのかについて、厳密にはわかっていません。そこで、まずは「表情」という大きな枠組みで説明していきます。

ここでいう表情とは、私たちが普段、目にする普通の表情のことを言います。時間にして、だいたい0・5秒〜4秒ほど顔に表われる、ごく普通の表情のことです。

みなさん、表情の種類はどれくらいあると思いますか？

なんと、様々な研究により1万種類以上もの表情があることがわかっています。

特に**「幸福」「軽蔑」「嫌悪」「怒り」「悲しみ」「恐怖」「驚き」**の7種類は、文化や民族、性別、年齢、時代、さらに生まれながらにして目の見えない方を問わず、万国に共通して私たちの顔に表われることが知られています。

つまり、これらの7つの表情は、生まれながらにして私たちが持っているコミュニケーションのシグナルであり、私たちの遺伝子に組み込まれているメカニズムなのです。さらに最近では、先の7表情以外にも、「羞恥」「恥」「罪悪感」「畏《おそ》れ」「誇り」「楽しみ」「愉《たの》しみ」「興奮」「快楽」「安堵《あんど》」「満足」の11の表情が万国共通ではないかと考えられ、様々な研究が進められています。

■ 感情がブレるタイミングを見極める

ここまでの話を踏まえ、微表情の種類の話題に戻りましょう。

微表情とは、万国共通の7つの表情、準万国共通の11の表情、その他数多くの表情や顔の動きが、瞬間的に、ときに部分的に顔に表われる現象のことを言います。部分的に顔に表われるというのは、ある感情が抑制された結果、それに対応する微表情が、眉だけに表われたり、口元だけに表われたりするということです。

例えば、「怒り」の表情は4つほどのパーツから形成されていますが、微表情として「怒り」が表われるとき、4つ全てのパーツが表われることもあれば、1つか2つのパーツだけが表われることもあります。

その意味で「怒り」の微表情の種類は、普通の「怒り」の表情よりも、その数は多くなります。微表情の正確な種類はわかりませんが、普通の表情の数よりも微表情の数は多いのです。

それでは、微表情はどんなときに表われるのでしょうか？

前述の通り、微表情とは抑制された感情の表われです。感情が押さえつけられているとき、端的に言えば、**感情がブレた瞬間、心に動揺が走った瞬間**に表われるわけです。

どんな状況が思い浮かびますか？　例えば、微表情が表われる瞬間として、

・イタズラやゲームで相手を出し抜いたとき――「幸福」
・他者のプレゼンやアイディアを稚拙《ちせつ》と感じたとき――「軽蔑」
・相手のアドバイスを受け入れることができないとき――「嫌悪」
・理不尽な対応を受けたときや、自分の気持ちが理解されないとき――「怒り」
・本当は苦しいのに元気なフリをしているとき――「悲しみ」
・ウソがばれるのではないかと冷や冷やしているとき――「恐怖」
・意外な事実を知った瞬間を相手に悟られたくないとき――「驚き」

などが挙げられます。1つの感情を取り上げてみても、感情を押さえつけ、表情に出さないようにする場面は無数にあると思います。

みなさんも、この微表情を読みとる技術を身に付けて、ビジネスや生活に役立ててみたくはありませんか？

あらゆる会話を成功に導くスキル

それでは、もし他人の顔に浮かび上がる微表情を読みとることができたら、どんなことに役立てられるでしょうか？

①商談、交渉、接客の場面で相手の隠された感情をとらえ、話の軸や方向性を調整できる

例えば営業の場面では、「驚き」の微表情からお客様の興味の方向性を見つけ出すことができるでしょう。交渉の場面では、「嫌悪」の微表情から交渉相手がどんな条件を受け入れたくないかがわかります。

接客の場合は、「怒り」の微表情から愛想笑いに隠されたお客様のホンネをつかみ、適切な対応につなげることが可能です。プレゼンの場などでも、上司が本当にニコニ

コ顔で聞いているのか、「軽蔑」をしているのかがわかるでしょう。

②組織やチームをマネジメントしていく上で、良好な人間関係を構築できる

部下の笑顔のスキマからこぼれ落ちた「悲しみ」の微表情からは、心の病の徴候を発見できるかも知れません。上司が部下にアドバイスを送るとき、「嫌悪」の微表情から部下がそのアドバイスに納得していないことがわかるでしょう。

会議の場面では、誰が理解していて、誰が質問したがっているか、いち早く察知することもできます。

③採用面接、人事面接の場面で適切な人材を見出すことができる

採用面接では、「恐怖」の微表情から応募者のウソがわかることがあります。また、微表情が表われるポイントに質問を投げかけていくことで、履歴書からは決して浮かび上がってこなかった応募者の本当の姿を見つめることができるでしょう。

④夫婦ゲンカや恋人とのケンカの際に、隠された感情の〝危険信号〟をとらえることができる

ケンカのときに表われる「軽蔑」「嫌悪」の微表情は、別れのサインであることがわかっています。相手の気持ちが離れていってしまう徴候をいち早く見つけられれば、関係修復を図ることが可能です。

他にも、あらゆる場面で実に様々な微表情が表われてきます。そして、それらを的確に読みとることによって、**コミュニケーションの軸を適切な方向へ調整することができる**のです。

いかがでしょうか。微表情の世界、微表情がもたらしてくれる効用の大きさに、ワクワクしてきませんか？　この先、微表情の深淵《しんえん》なる世界がページをめくるたびにどんどん鮮やかに浮かび上がってきます。

遺伝子に組み込まれた万国共通のサイン

ここまで読み進められてきた方の中には、「微表情は本当に万国共通なの？」「どう考えてもアメリカ人と日本人の表情の表われ方は違うでしょ」と思われている方もいるでしょう。

結論から言うと、**微表情は万国共通の現象**だとされています。また、日本人とアメリカ人の表情の違いは、表情の見せ方、表情筋の動きが表われる強弱の程度の違いであり、本質的には同じであると考えられています。

■ 表情学にも貢献したダーウィン

まずは表情が万国共通であるということを示す研究結果を紹介しましょう。最初に表情の万国共通性について述べたのは、かの有名なチャールズ・ダーウィンでした。

1872年のことです。ダーウィンは、感情と関連があると思われる表情筋の動きを細かく調べることで、**人間と動物の表情には共通点があること、人間の表情はみな同じである**、ということを発表しました。

しかし、ダーウィンの主張は文化人類学者からの激しい批判にさらされます。文化人類学者たちは、表情は言語同様、学習によって後天的に獲得されるものであり、文化によって異なると主張したのです。その主張は覆されることなく、表情が万国共通の現象であるという主張は長らく劣位な立場に置かれました。

しかし1960年初頭、心理学者のシルヴァン・トムキンズが感情と表情との関連性に注目した研究を発表し、感情と表情筋の動きが関連していることを証明しました。

その後トムキンズに続き、アメリカの心理学者ポール・エクマン、心理学者で『感情心理学』の著者キャロル・イザードが、表情の万国共通性に関する研究に着手し始めました。エクマン、イザードらの最初の研究では、様々な文化に属する人々にアメリカ人の表情写真を見てもらい、それらが何を意味する感情なのかを判定してもらう実験がなされます。

実験の結果、「幸福」「嫌悪」「怒り」「悲しみ」「恐怖」「驚き」の6つの感情と表情との関連が様々な文化において正しく判定されたため、彼らは表情が万国共通の現象であるということを主張しました。

しかし、ここでもまた批判の嵐が巻き起こります。

その実験において表情を判定した様々な文化圏に住む人々は、映画や雑誌といったマスメディアを通じてアメリカ人の表情を学習してきた可能性が高く、そのためアメリカ人の感情と表情との関連を正しく言い当てることができたと考えられる、という反論が起こりました。ゆえに、この実験結果は表情が万国共通であるという証拠にはならない、という批判がなされたのです。

この批判を受け、エクマンらの研究チームは、アメリカ人の表情を見た経験が一切なく、マスメディアを通じてアメリカ人の表情を学習する経験をこれまで持ったことのない人々を対象に実験をしようと考えます。

そこで、これらの条件に合ったニューギニアのジャングルに住む部族を対象に表情判定の実験を行ないました。その結果、**ニューギニアの人々も先の実験同様、アメリカ人の表情を正しく判定することができた**のです。

さらにエクマンは、ニューギニアの人々の表情を撮影し、アメリカに持ち帰って、アメリカ人にそれらの表情写真を判定してもらう実験を行ないました。実験に参加したアメリカ人らは、ニューギニアの人々の顔を一度も見たことがありませんでしたが、ニューギニアの人々の表情を正しく判定することができたのです。

この調査によって表情を認識する能力は、マスメディア等を通じた学習による影響がなくても、存在していることが確認されました。

■赤ちゃんも、目の見えない人も、表情は共通する！

他にも表情の万国共通性を確かめる研究は様々な形でなされており、エクマンらと同様の結論が下されています。

例えば、赤ちゃんや目の見えない人々を対象にした調査では、赤ちゃんが見せる表情と大人の表情、目の見える人が見せる表情と目の見えない人が見せる表情に共通点が確認され、表情が万国共通の現象であることが裏付けられているのです。

現時点（2016年）において、人類に共通の表情として7種類が認められています。

誰の顔にも同じように表われる、その7つの表情こそが、「幸福」「軽蔑」「嫌悪」「怒り」「悲しみ」「恐怖」「驚き」なのです。

日本人が騙される「笑顔のマスク」

表情が万国共通の現象であることに納得していただけたでしょうか。

それでは、前節の冒頭の疑問に戻ることにしましょう。１つ目の疑問は、「微表情は本当に万国共通なの？」というものでした。微表情は、先に紹介した**7つの万国共通の表情が0・2秒という瞬間的なスピードで顔を駆け巡る現象**です。

微表情が起きる状況というのは、感情が押さえつけられているときです。したがって、感情を押さえつけるのが上手か、下手か、感情を押さえつける必要があるのか、という条件によって微表情の表われ方は変わってきます。

言い換えるならば、表情のコントロールの程度によって、押さえつけられた感情が顔に微表情として表われるときもあれば、普通の表情として表われるときもあるということです。

2つ目の疑問、「どう考えてもアメリカ人と日本人の表情の表われ方は違うでしょ」を解決する面白い実験を紹介しましょう。

アメリカ人と日本人の実験参加者に、嫌悪感を引き起こすような映像をそれぞれ実験室に1人で視聴してもらい、その様子を隠しカメラで撮影しました。アメリカ人と日本人の表情を分析すると、どちらも嫌悪を感じる映像に対して同じ「嫌悪」の表情をしています。

次にその実験室に研究者が同席し、同様にアメリカ人と日本人の実験参加者に、嫌悪感を引き起こすような映像をそれぞれ視聴してもらいます。この様子も同様に、隠しカメラで撮影しました。このときの表情を分析した結果、興味深いことがわかりました。

アメリカ人は先ほどと同様に嫌悪を感じる映像に対して「嫌悪」の表情を浮かべていたのに対し、日本人は笑顔だったのです。

私たち日本人にとっては、この現象について直感的に理解できる節があるはずです。

私たち日本人は、集団の中で調和を保とうとするあまり、自分が感じている否定的な感情を顔に出すまいとする傾向があります。

そのため、研究者が同席した場面では、本当は「嫌悪」を感じていたにもかかわらず笑顔でつくろっていたと考えられます。

そう、このとき、「嫌悪」という感情は押さえつけられていたのです。

一方、アメリカ人は他人の前で否定的な表情を出すことをいとわないために、ストレートに自らの感情が表情に表われたと考えられます。

アメリカ人と日本人の表情の表われ方が違うと感じる理由は、個々人が置かれている条件によって表情がコントロールされるからです。そのときの感情が微表情として表われることもあれば、普通の表情として表われることもあるのです。

しかし、微表情として表われた場合、微表情を読む技術を身に付けていないと、その存在を認識することはできません。

微表情が表われる条件は文化や個々人の事情に影響を受けますが、様々な調査により、感情が抑制される場面では誰の顔にも表われ得ることが知られています。

自力で動かせない「表情筋」が感情を映し出す

顔には30～60の筋肉があるとされ、それらは「表情筋」と呼ばれています。表情筋のコンビネーションによって様々な表情が形成されるのですが、その中には自力では動かすことが難しい筋肉、自在に操るのが難しい筋肉があります。そうした**コントロールのききづらい筋肉が、ふとした瞬間に微表情として表われる**のです。

それでは、微表情が表われている人の心の中に視点を移して、無意識に表われてしまう微表情の裏側に迫りたいと思います。

微表情は、抑制された感情が無意識かつ瞬間的に顔に表われては消え去る現象です。つまり、意図せずして顔に表われてしまうのですが、これには2つのケースが考えられます。

■無意識に抑圧される感情

1つは、無意識に押さえつけられている感情が、微表情として生じるケースです。これは、微表情を顔に表わしている本人が、そもそも微表情が生じる原因となった感情があることにすら気付いていないケースです。

微表情が自分の顔に表われていることに気付いていないだけではなく、自分の心の中で抑圧されている感情があることにすら無自覚なのです。

微表情が初めて発見されるきっかけとなった調査があります。1960年代のことです。ハガードとアイザックという2人のアメリカの心理学者が、診療中の患者さんとセラピストとのやり取りを撮影し、表情やボディーランゲージの特徴的なやり取りがないかとコンマごとに区切って記録していたときのことでした。

研究者2人はこの調査で、コンマ数秒だけ患者さんの顔に表情が表われたのを発見したのです。このときの患者さんは、苦悩の微表情が自身の顔に表われているにもかかわらず、自分が苦悩を感じているということには自覚がなかったと言います。

■意図的に抑圧した感情

無意識に表われる微表情のもう1つのケースは、意識的に感情を押さえつけようとした結果生じるものです。

これは、微表情を顔に表わしている本人が、抑え込もうと思っている感情に自覚はあるものの、無意識に微表情が生じてしまうケースです。

自分の本当の感情を偽らなければいけない場面を日々経験する私たちにとって、先のケースよりもこちらのケースの方が身近に感じられるかも知れません。

例えば、自殺願望を秘めている患者さんの表情を分析した調査から、こんなことがわかっています。アメリカの心理学者であるエクマンとフリーセンによる研究を紹介しましょう。

自殺を企てたある患者さんが強制的に入院させられていました。入院してからしばらく経ち、その患者さんはもうすっかり元気になったので退院したいと言います。

しかし、主治医はその患者さんとのやり取りの中で、何らかの違和感を察知したため、退院を許可しませんでした。実はこのやり取りは撮影されており、エクマンとフリーセンの2人は、その患者さんの表情を後で分析することにしたのです。

通常のスピードで動画を再生してみても、患者さんはニコニコした顔で退院後にやりたいことについて嬉しそうに語っているだけです。何度ビデオを見ても何の違和感も察知できなかった2人は、今度はビデオをコンマごとに区切って観察することにしました。

そうすると、ニコニコした笑顔のスキマから、苦悩の表情が瞬間的に漏れ出ていることを発見したのです。

退院を許可されなかった患者さんが、後にインタビューでこう答えています。「もしあのとき退院できていたら、自分は自殺するつもりでした」。

このように自力で動かすことの難しい表情筋の動きは、自分でも気付いていない感情と、自分で押さえつけようとする感情とが原因となり、無意識に微表情として表われるものなのです。

■ニセの感情を作り出すには

ところで、「表情筋は自力では動かせないところがある」という言いまわしに、スルドイ方は、こんなことを考えませんでしたか？　**「自力で動かせる表情筋はどうなんだ？」**と。

チャールズ・ダーウィンの提唱した説の中に「抑制仮説」というものがあります。抑制仮説とは、ある感情が生じたとき、それに関連する表情筋を普段から自在にコントロールできない場合、その表情筋は動きを抑制しようとしても、自然に動いてしまう、というものです。

これは、裏を返せば、何の感情も生じていないときでも、本物の感情が生じているときと同じように、表情をリアルに作ることができるならば、感情を抑え込み、表情に出さないようにすることができるということです。

しかし、実際には、先に書いたように自分でも気付いていない感情があること、また表情筋は思うほど自在にコントロールがきくものではないため、強い感情が生じたとき、微表情を完全に表情から拭《ぬぐ》い去ることは難しいでしょう。

一流の経営者ほど、微表情に敏感だった

売上ナンバー1のセールスマン、応募者のウソを正確に判断できる敏腕面接採用官、数々の企業を再生してきた一流の経営者のような方たちは、共通して高い微表情の読みとり能力がある、ということを前に書きました。

実験結果からも、現実の場でも、様々な形で微表情の検知力に優れた方たちのエピソードを見聞きしたり、実際にお会いしたりしたこともあります。

中でも私が懇意にさせていただいている、ある経営者の方の印象的なエピソードを紹介します。

その方の名前を仮にSさんとして話を進めましょう。Sさんは、数々の企業の取締役を歴任され、これまで何度も破たん寸前の企業の立て直しをしてきた敏腕マネー

ジャーであり一流の経営者。現在もいくつもの企業の取締役や、ご自身が設立した会社の会長を務めています。名前を挙げれば、知る人ぞ知る、という方です。

Sさんは日々、本当に多くの方たちと面と向き合い、様々な間合いでコミュニケーションを取っています。

特に、会議の席などで「誰が納得していないか?」「誰が本当は質問をしたいのに黙っているか?」「誰が乗り気か?」「誰が自分の見解をサポートする側か? 批判する側か?」などについて、Sさんは「何となくわかる」と言います。

実際、私も同席させていただいた会議で、出席者が質問の手を挙げる前に、Sさんがそうした方たちを的確に指名して、スムーズに会議を進行している様子を拝見したことがあります。

他にもSさんの印象的なエピソードを、部下の方から聞きました。その部下の方は、大事なプロジェクトのプレゼンを滞りなくSさんの前でしていたそうです。けれど、プレゼンが終わった後、Sさんより一言、**「プレゼンは問題ないんだけどね、オーラが薄いよ」**と。

その部下の方いわく、Sさんから「オーラが薄いよ」と言われるのは、職場に来る前に奥さんとケンカしたとか、何か嫌なことがあったとか、そうしたネガティブなことを体験したときだと言うのです。

このエピソードは、日ごろからSさんが、部下の方たちの何気ない変化から感情のブレを敏感に感じとっていることを示唆《しさ》しています。

■次世代のリーダーに欠かせない「理」と「情」のバランス

Sさんは、こうした自身の「何となく相手の考えていることや気分がわかる能力」の謎を解明したいと考えていました。

これまで様々な人に相談される中で、霊感的なものやスピリチャル的なものではないかとのアドバイスも受けられたようです。数えきれないほどの人々とコミュニケーションを取り、数々の修羅場を体験し、経営者として第一線を走られているわけですから、長年の経験からスピリチャル的なものを獲得された可能性があることを私は否定しません。

しかし、Sさんの願いは**「経験値をスキル化する」**というものでした。経験の範疇《はんちゅう》にあると、それは暗黙知であり、人に自分の能力を明確に伝えていくことはできません。Sさんは経営者にとって必須であるマネジメントスキルの大きな部分に、ご自身の能力が関係していると考えていました。

そんなとき、微表情の存在を知り、Sさんは「自分は微表情を感じとっているのかも知れない。微表情は科学なので、暗黙知をスキル化できる。スキル化できれば、人に伝えることができる」と考えるようになったのです。

Sさんの大切にされている言葉に「理と情のバランス」というものがあります。

合理的なものの見方ができ、同時に、人の気持ちがわかる、「理」と「情」のバランスをコントロールできるのが、次世代リーダーの目指す姿だと、Sさんは言います。

感情心理学的に言い換えるなら、感情というレールに理性的な頭脳という乗り物が乗ることで、リーダー、マネージャー、経営者に必須である、判断力、統率力、察知力、思いやり力が身に付くのではないでしょうか。こうした感情敏感力を鍛《きた》える強力なサポート役になってくれるのが微表情を読みとる力なのです。

チームのマネジメントを円滑にする意外な方法

アメリカやヨーロッパに本拠を置く有名企業のいくつかでは、マネージャー層を対象に微表情トレーニングが行なわれています。それは、微表情を読みとる能力が、チームビルディングやマネジメントをする上でも非常に役に立つことがわかっているからです。

チームビルディングやマネジメントに必須な要素として、**「人、モノ、カネ」**が挙げられます。モノやカネに関する問題に対しては、これまで、そして現在も様々な解決策が用意されています。

しかし、人に関してはどうでしょうか。組織は人の集合体です。様々な人が様々な感情や価値観を持っています。それらが、絶妙な間合いを保ちながら有機体を成しているといえるでしょう。しかし、ひとたび感情の一部が解けぬほど複雑に絡み合い、その間合いが崩れてしまったならば、有機体全体に悪影響を及ぼします。チーム内のたった1人の機嫌が悪くなるだけで、チーム内のある個人とある個人の関係が悪くなるだけにとどまらず、チーム全体の空気が悪くなり、皆の仕事の効率がグンと下がることもあるのです。

仲間の感情や、誰かと誰かの関係性が悪くなりそうなサインにいち早く気付けば、その修復も迅速に行なえる可能性があります。

何人もの部下を統率するチームのリーダーは、チーム全体の生産性を上げるために、部下の感情状態に気を付けなければいけません。部下がどんな状態で仕事に取り組んでいるか、ときに仕事に悪影響を及ぼしそうな問題を抱えていないかどうか等に気を配る必要があるでしょう。

部下に対するコミュニケーションの取り方にも、もちろん注意が必要です。直接話ができる距離にいるのにメールで用件を済ませてしまっていませんか？　部下の目を見ずに、仕事を振ってはいませんか？　部下のミスを叱るとき、ご自分の視点だけで叱ってはいないですよね？

こうした部下に対する感情的なアプローチ方法の構築に、アメリカやヨーロッパの有名企業のマネージャーたちは本気で必要性を感じているのです。そして、その方法の1つとして注目されているのが、まさに微表情なのです。

■効率的に「叱る」方法

みなさんが、何かのチームリーダーもしくは人を指導する立場にいるとしましょう。仕事で部下が重大なミスをした場合、どのように叱りますか？　そして部下が同じミスを繰り返すかも知れないリスクをどのように見積もりますか？

次のような状況から考えてみます。あなたの部下がお得意様からある機械のリース契約を打ち切られてしまいました。上司のあなたは、その部下になぜ契約更新に至らなかったのか理由を聞きます。

部下は、自分の説明の不備が多くて、お得意様の機嫌を損ねてしまったことが原因なのではないかと説明します。今回のミスの原因が自分にあることをしっかり認めているようです。

このときの部下の表情はどうでしょうか？　人によっては反省の表情をわかりやすく浮かべている場合もあるでしょう。

しかし、反省しているフリだけ、もしくは真顔でとうとうと説明する部下もいるかも知れません。一見すると反省顔か真顔でも、よく見れば何らかの微表情が浮かんでいる場合があるのです。

どんな表情・微表情を浮かべているか、想像してみてください。

それが「後悔」「羞恥」「恥」「罪悪感」の表情ならば、部下は自分のミスを心から反省しており、また上司のあなたのアドバイスや叱咤激励を受け入れる器があると言えます。

その理由は、人は何かミスをしたとき、「後悔」や「羞恥」「恥」「罪悪感」などを感じることによって、同じミスを繰り返さないようにしようとする感情と行動のメカニズムがあるからです。

しかし、あなたが叱っている間や今後のためのアドバイスをしているときに、部下の顔に**「軽蔑」や「嫌悪」、「怒り」そして「恐怖」の微表情などが浮かんでいたら注意が必要**です。

なぜなら、あなたの話に「軽蔑」の微表情を浮かべて聞いている部下は、あなたの言葉を軽く見ている可能性があるからです。また、「嫌悪」の微表情を浮かべて聞いている部下は、あなたの言葉を受け入れたくないと感じている可能性があります。

あなたの話に「怒り」の微表情を浮かべて聞いている部下は、あなたの言葉をフェアではないと感じている可能性があるでしょう。「恐怖」の微表情を浮かべて聞いている部下は、今回のミスを境に再チャレンジしようとする精神が失われているのかも知れません。

ミスをした部下を叱るときや部下にアドバイスを送るとき、部下の感情変化を微表情から推し量ることによって、より適切な対応や指導をすることができるのです。

いかがでしょうか？

ここまでの説明で、**微表情が人の感情を理解して、適切な行動につなげるためのマイルストーン（道しるべ）となり、チームビルディングやマネジメントの強力なサポーターとなってくれる**というイメージを持っていただければ幸いです。

それでは、次の章ではいよいよ、微表情の読みとり方についてご紹介します。

第2章

無意識のシグナル 7つの表情を読む

相手のホンネはこうやってわかる!

微表情を読みとれるということは、相手の無意識の感情をキャッチすることができるということです。

それでは、この無意識の感情をキャッチする、とはどうすることを意味するのでしょうか。

これからそのステップの大枠を紹介します。ステップごとの具体的な内容と活用法を、本章と次章で詳しくお話ししていきましょう。

微表情を読みとる力をコミュニケーションに活かすには、次の3つのステップがあります。これらは、それぞれ「理解」「読みとり」「サポート」というキーワードになぞらえることができます。それではステップごとに見ていきましょう。

ステップ①表情筋の動きと感情との関係、感情の機能を理解する

まずは、表情筋の動きと感情との関連を理解します。例えば、「両眉が中央に引き寄せられる」「下唇が押し上げられる」などの表情筋の動きと、それらの動きが起こるときの感情を関連付けるステップです。「両眉が中央に引き寄せられる」は「怒り」と関連し、「下唇が押し上げられる」は「悲しみ」と関連しています。

次に、それらの感情がなぜ起こるのかということについて理解します。例えば、「怒り」は、目的達成を阻《はば》む障害が生じたときに起こる感情です。こうした表情と感情のメカニズムについて理解することが重要なのです。

ステップ②微表情を正確に読みとる

表情筋の動きがどんな感情を意味しているかを頭で理解したならば、次は、それを実際に読みとれるようになるステップです。本書で紹介する7つの表情をよく見て、相手の表情を注意深く観察することで、おのずと微表情を読みとるスキルを身に付けることができます。

ステップ③感情の機能をサポートするような会話の流れを作る

微表情を読みとった後、相手の抑圧されている感情という情報を活かして、何が原因となって微表情が生じたのかに焦点を当て、相手の感情をサポートするような質問をしながら会話の流れを作っていきます。

これは心理学の知見だけでなく、みなさんの仕事で交わされる日常会話に出てくる話題と併せて考える必要があり、豊富な経験があるほど、ステップ①②との統合がうまくいくでしょう。

ここではまだ具体的な活用法を書いていないので、以上の3ステップの流れがスッキリしないかも知れませんが、次第に明らかになっていきますのでご安心ください。

今のところはざっくりと、**微表情をキャッチしたならば、目の前で話されていることと以上のストーリーが相手の中に埋まっている**、と考えていただければ結構です。言い換えるなら、微表情が表われた瞬間は、質問を投げかけるべきポイントであり、その周辺の話題を掘り下げるべきポイントだということです。

人の感情を支配する、たった7つの表情

本節では、いつでも、どこでも、誰の顔にも表われる万国共通の7つの表情――「幸福」「軽蔑」「嫌悪」「怒り」「悲しみ」「恐怖」「驚き」について、それぞれの表情の特徴と感情の機能を説明していきます。

まずは、表情を読みとる前に、基準となるベースライン「中立」の顔について見ていきましょう。

■「中立」――表情のベースラインを決めよう

「中立」とは、**何の感情も抱いていないときの顔のこと**です。「中立」の表情には2つのパターンがあります。

1つは、他者の話の内容に、意見がない状態・無関心な状態・注意を払っていない

状態、もしくは他者の話の内容が聞こえていない状態のときに表われる表情です。いわゆる「無表情」と言い換えることができるでしょう。

もう1つは、会話をしているときなどに、話の内容に何の感情も抱いていなくても起こる表情です。典型的な例としては、話をするとき口の周りの筋肉が動きますが、これは感情を表わすための動きではなく、声を発するための動きです。

ここでは、前者を動きのない「中立」の表情、後者を動きのある「中立」の表情と呼ぶことにします。**他者の様々な感情を表情から読みとるには、その人々の「中立」の表情を知っておく必要があります。**なぜならば「中立」の表情は表情の「基準値」だからです。

それでは、動きのない「中立」の表情と動きのある「中立」の表情を分けて、注意ポイントを解説していきましょう。

■ 動きのない「中立」の表情

例えば、ある人物が「ハの字（形の）眉毛」と「薄い唇」を顔の特徴として元々持っているとします。後で説明するように、「ハの字眉毛」は「悲しみ」の表情の特徴の1つで、「薄い唇」は「怒り」の表情の特徴の1つです。

この人物の元々持っている顔の特徴を知っていれば、この人物が「中立」の表情なのに「悲しみ」や「怒り」の表情をしている、と読み間違えてしまうことはないでしょう。

「ハの字眉毛」を「中立」の表情の特徴として持っている人物が「悲しみ」を抱けば、その眉毛はさらに急な勾配になります。「唇が薄い」人物が「怒り」を感じれば、その唇はさらに薄くなります。また、加齢によるしわによっても表情の見え方は変わってきます。

お年寄りの表情を読みとることは、同年代、もしくはお年寄りと身近で関わりのある人以外にとっては、難しいとされています。その原因の代表的なものが、加齢によるしわです。

特に**「目尻にある笑いじわ」と「眉間のしわ」には注意が必要です**。「目尻にある笑いじわ」を「中立」の状態のときに持っている人物の顔は、笑顔のように見えますし、「眉間のしわ」は、怒っているように見えます。「目尻に笑いじわ」がある人物が笑えば、そのしわはさらに深く刻まれ、「眉間のしわ」が刻まれている人物が怒れば、そのしわもさらに深くなります。

■動きのある「中立」の表情

次に動きのある「中立」の表情の注意ポイントです。顔の動きと顔のしわとの関連では、顔の脂肪の量やボトックス注射の影響に注意する必要があります。顔の脂肪やボトックスは、各表情に特徴的なしわを消してしまいます。顔の脂肪というと赤ちゃんや幼児に特徴的ですが、ここで問題となってくるのは大人の顔の場合です。端的に言うと、太っている人の表情です。

なぜなら、赤ちゃんや幼児はストレートに自分の感情を顔に表わします。感情を抑制しようとしてもあまりうまくコントロールできず、微表情よりもわかりやすい表情として顔に表われるのです。したがって、赤ちゃんや幼児の表情を見るときは顔に表われる微妙なしわを手掛かりにする必要がありません。

一方、大人は幼児に比べ上手に表情をコントロールし、本当の感情を隠そうとします。そうしたとき顔の随所に表われる微妙なしわが微表情を見分けるのに重要な指標となることがあるのです。

しかし、顔の余分な脂肪はしわを覆《おお》い隠してしまい、各表情に特徴的なしわを消し去ってしまうことがあります。したがって、しわから表情を見分けることが難しくなってしまうのです。こうした場合は、しわよりも表情筋の動きそのものに注目する方法にシフトする必要があるでしょう。

類似の例として、ボトックスの効果があります。ボトックスは、ボツリヌス菌A毒素を製剤化したものを顔に注射することで、顔のしわをとり、見た目の印象を若くする美容整形の方法の1つです。

注入量や個人差にもよりますが、ボトックスが注入された表情からはしわが消えてしまいます。したがって表情を読みとろうとするときに、顔に脂肪がある人と同じ難しさが起こるのです。

■個人のクセにもご用心

その他にも個人的なクセというものが無数にあります。典型的な例としては、笑い方と、鼻水をススるときの個人差です。笑うときに「嫌悪」の表情に特徴的な「鼻の周りのしわ」を作りながら笑う方もいますし、「軽蔑」の表情に特徴的な「左右非対称の口角の引き上げ」をする方もいます。また、鼻水をススるときに、「鼻の周りのしわ」を作る方もいます。

こうした個人的なクセというものを「中立」の表情からよく観察し、表情の基準値を設定することが大切です。各表情を読みとる上で、「中立」の表情、いわば、表情の雑音とも呼べる動きを知り、正確な表情の読みとりに活かしていただければと思います。

さあ、次はいよいよ**7つの表情**について紹介いたします。

幸福

ほころぶ口元とカラスの足あとは幸せのシンボル

幸福

弱い幸福

幸福の表情

「幸福」の表情の特徴は、**「ほころぶ口元」と「カラスの足あと」です。**典型的な顔の動きとしては、「頬《ほほ》を上げる」＋「口角を上げる」というもの。頬が上がる動きにより目尻に足あと状のしわができます。このしわは「カラスの足あと」と呼ばれ、意図的に作った笑顔には見られない特徴です。

しかし、微表情としては「カラスの足あと」がなくても、意図的ではない、真の「幸福」の表情の表われだと言えます。微表情は、抑制された感情の漏れが瞬間的に表情に表われる現象ですので、部分的な表情のみしか顔に表われないことが多々あるからです。

「幸福」とは、受容、期待、承認、喜び、楽しみ、興奮などを含む肯定的な感情のことを言います。**「幸福」の表情は、目標を達成したり、自己の欲求が満たされたときに表われます。**また、他者に同意していることを示したり、好意を抱いていることを示すときにも表われます。

進化生物学的には、笑顔を見せることは「私はあなたの仲間です」「私は友好的です」ということを示すサインです。

軽蔑

片方の端だけ引き上げられる口元にご用心

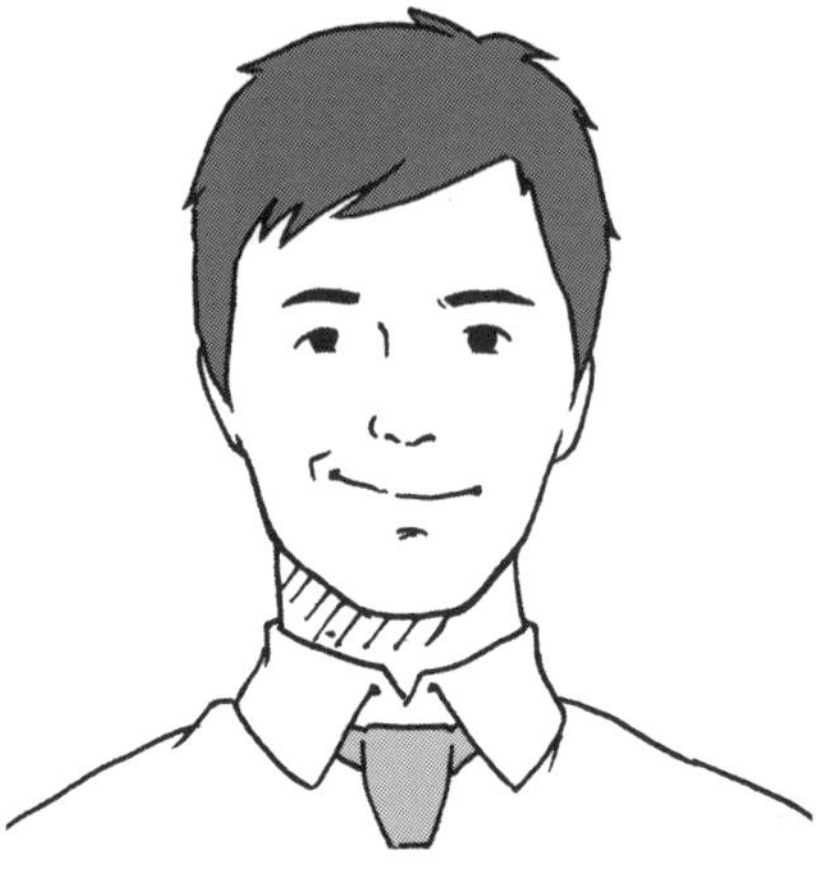

軽蔑

弱い軽蔑

軽蔑の表情

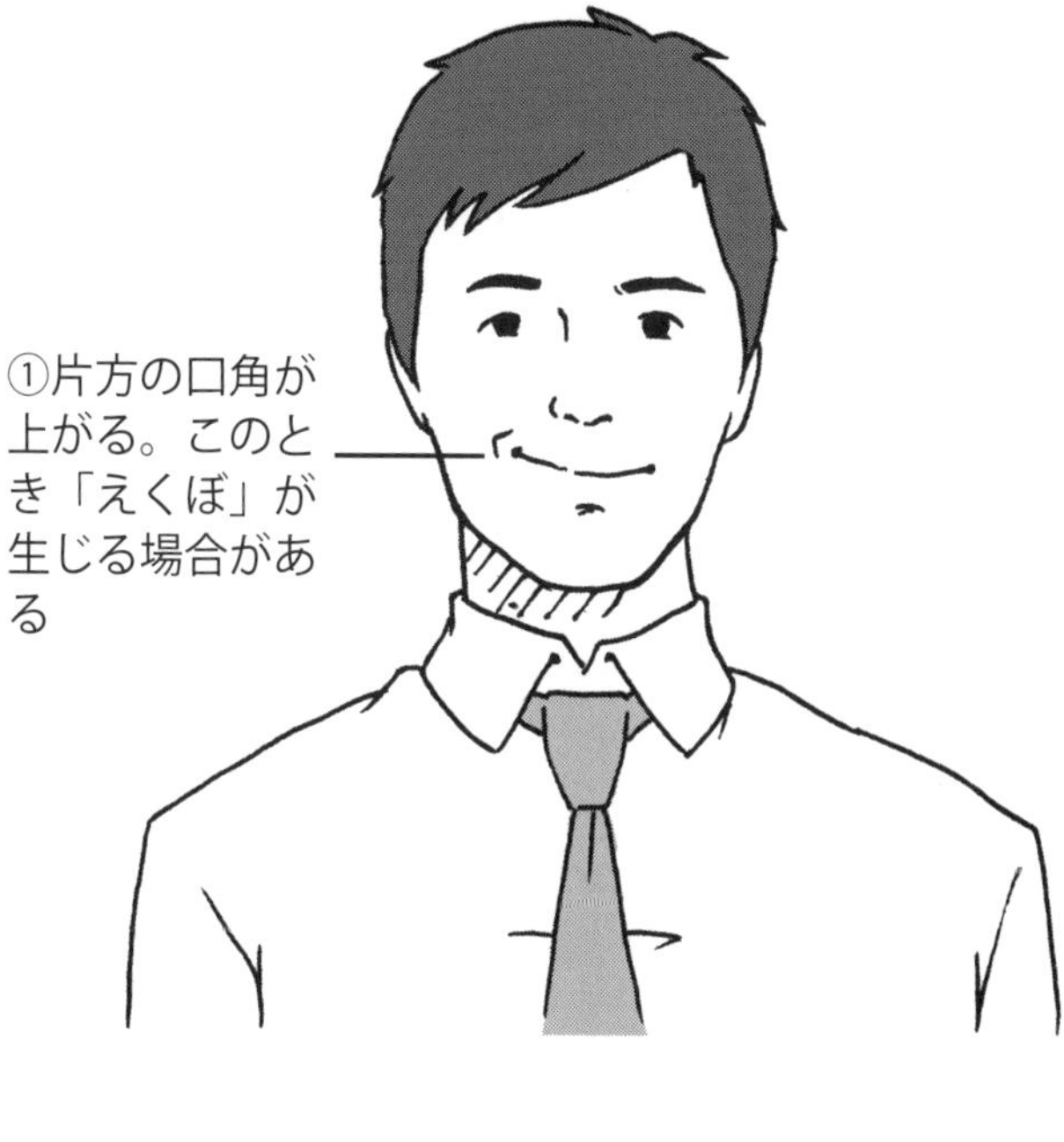
①片方の口角が上がる。このとき「えくぼ」が生じる場合がある

「軽蔑」の表情の特徴は、**「片方の口角を上げる」**というものです。基本的な7つの表情の中で唯一左右非対称の表情です。

「軽蔑」には、優越感、さげすみ、冷ややかな気持ち（冷笑）などを含む否定的な感情の機能があります。

自己の経験と知識が他者より優っていると感じられたり、他者の不道徳な行為を目撃したりするときに表出されるのが「軽蔑」の表情です。「軽蔑」の微表情を表わす人は日常的に他者を評価する傾向にあり、他者に対して否定的な考えを抱きがちになります。

「軽蔑」の表情は赤ちゃんには表われません。人が自己と他者とを区別し比較できる能力を身に付けたときに初めて表われます。「軽蔑」を感じるには他者を評価し、批判する必要があるからです。

嫌悪

鼻の周りのしわは、「臭いもの」を嗅いだときと同じ顔

嫌悪

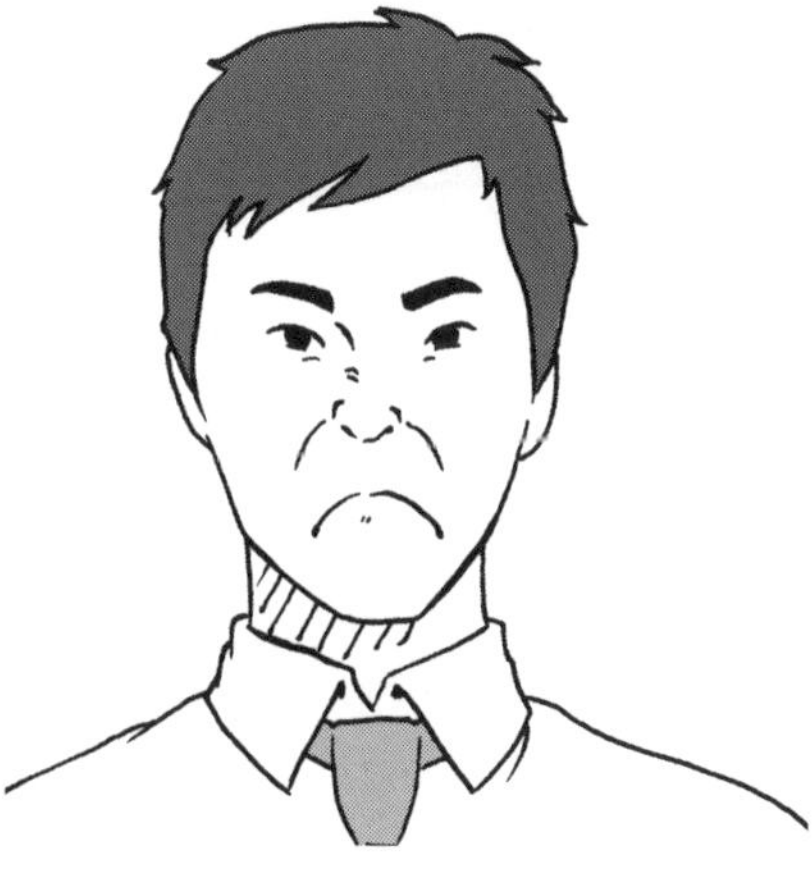

弱い嫌悪

嫌悪の表情

「嫌悪」の表情は、**「鼻の周りのしわ」**がポイント。顔の動きとしては、「鼻にしわを寄せる」「上唇を上げる」もしくはその両者の特徴が合わさったものが典型です。

「嫌悪」とは、反感、拒否、嫌気などを含む否定的な感情のこと。「嫌悪」の表情のルーツは不快なにおいの経路を遮断する（鼻の穴をふさぐ）アクションだと言われています。

しかし、「嫌悪」は嫌なにおいの遮断という物理的な現象に対してだけでなく、**嫌いな相手や気に食わない言動に対しても表われます。**

進化生物学的には、「嫌悪」の表情は食物が腐っていることを周りの仲間に示すサインです。

怒り

力んだ眉と力んだ唇は赤信号

怒り

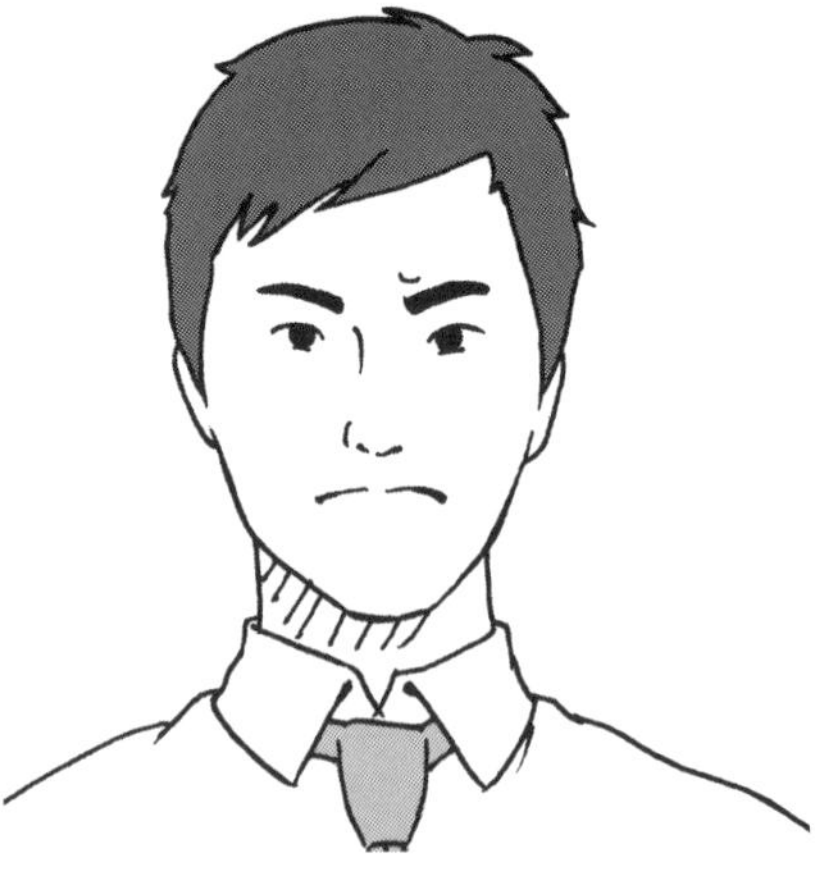

弱い怒り

怒りの表情

①両眉が中央に寄りながら下がる
②目を見開く
③下まぶたに力が入る
④唇が上下からプレスされる。唇の周りに力が入り、口を開けることもある

「怒り」の表情で注目すべきは、**「力んだ眉と唇」**。顔の動きの特徴としては、「両眉を中央に引き寄せる」＋「目を見開く」＋「下まぶたに力を入れる」＋「唇を固く閉じるor口を開ける」がポイントです。

「怒り」とは、苛立ち、煩わしさ、不和、不服、難色などを含む感情のことを言い、**自己の目標達成が遮られたときや、何らかの出来事や他者の言動に対して気に食わないことがあるときに表われます。**「怒り」の感情が表われると筋肉が緊張し、心拍数が上がります。

進化生物学的には、「怒り」の表情は他人に恐怖心を与え、攻撃態勢にあることを示すサインです。

悲しみ

ハの字眉毛とあごのしわは涙の前ぶれ

悲しみ

弱い悲しみ

悲しみの表情

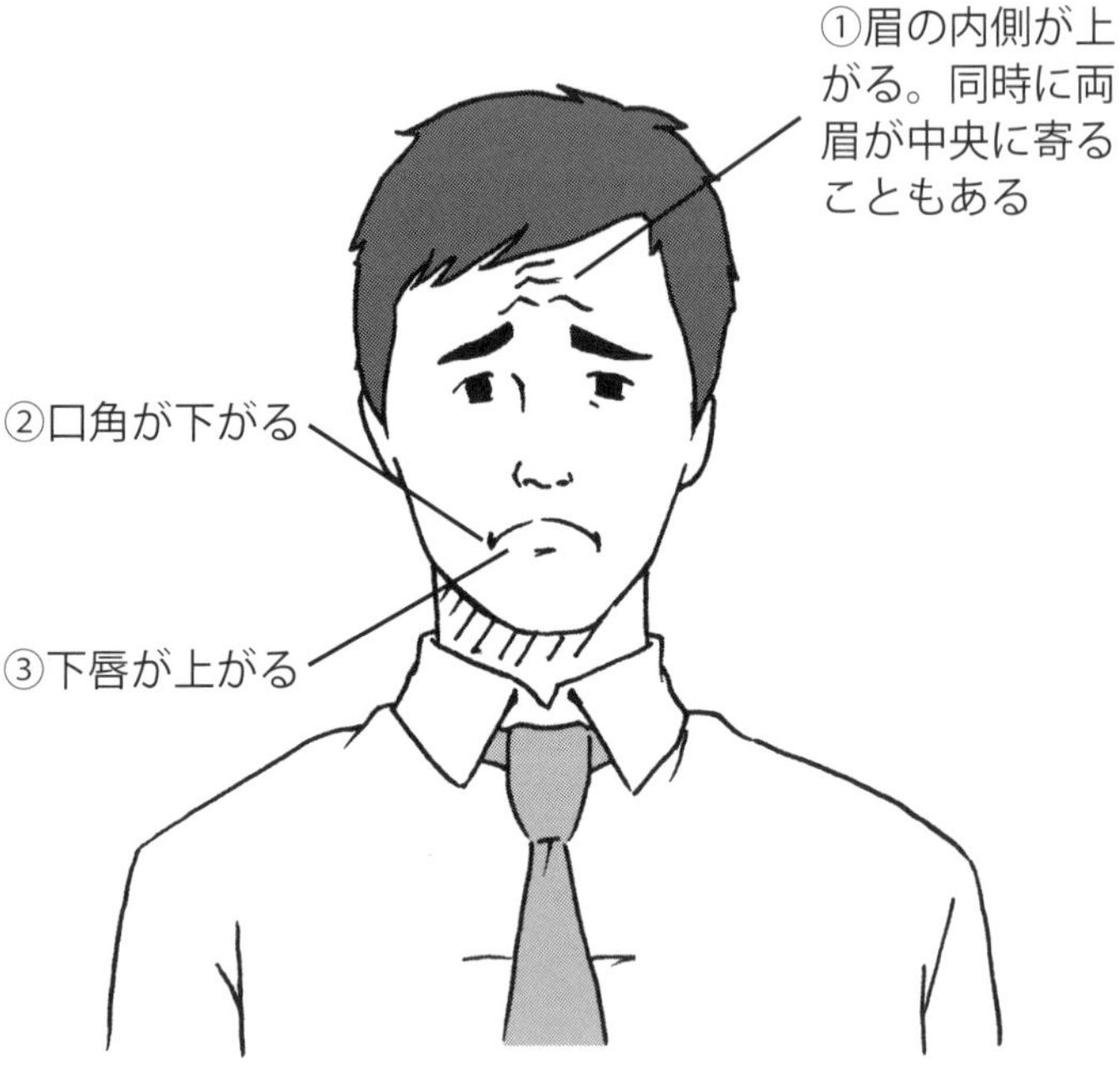
①眉の内側が上がる。同時に両眉が中央に寄ることもある
②口角が下がる
③下唇が上がる

「悲しみ」の表情の特徴は、**「ハの字眉毛」と「あごのしわ」**。典型的な顔の動きとしては、「眉の内側を上げる」＋「両眉を中央に引き寄せる」＋「口角を下げる」＋「下唇を上げる」というものです。

「悲しみ」とは、失望、喪失、敗北感、期待外れの感情、幻滅などを含む否定的な感情をいいます。**「悲しみ」が表われるのは、価値あるものや人を失ったとき**。私たちは他者の顔に「悲しみ」のサインを読みとったとき、その人を慰めようとします。「悲しみ」は人に同情心を引き起こす働きを持っているのです。

進化生物学的には、「悲しみ」の表情は何か嫌なことが起きたことを示し、他者との接触を避けようとするサインです。

恐怖

震えがもたらす、おでこのこわばりと下まぶたの緊張

恐怖

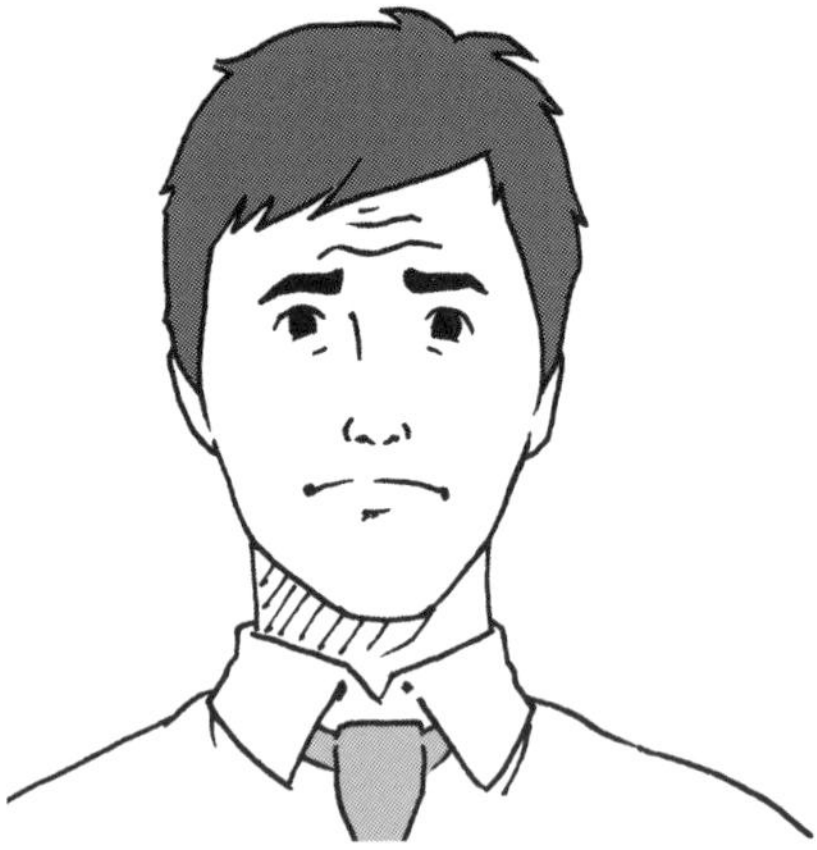

弱い恐怖

恐怖の表情

①両眉が上がると同時に中央に寄る。また、ひたい中央に波状のしわができる
②目を見開く
③下まぶたに力が入る
④口角が横に引かれる

「恐怖」の表情で注目すべきところは、**「カギ型眉」と「下まぶたの緊張」**です。顔の動きとしては、「両眉を上げる」＋「両眉を中央に引き寄せる」＋「目を見開く」＋「下まぶたに力を入れる」＋「口角を横に引く」というパターンがあります。

「恐怖」の表情が表われたら、不安、不確実、警告などを含む否定的な感情を持っていると言えます。「恐怖」は、**身体もしくは心理的に安全な状態が損なわれたときに表われる感情です。**

進化生物学的には、「恐怖」の表情は「私はあなたに攻撃を加えるつもりはありません」「私を傷つけないでください」ということを示すサインです。攻撃する意思のない人を識別し、他の目的のために貴重なエネルギーを温存させようとするサインでもあります。

驚き

目と口が全部開いた、あんぐり顔

驚き

弱い驚き

驚きの表情

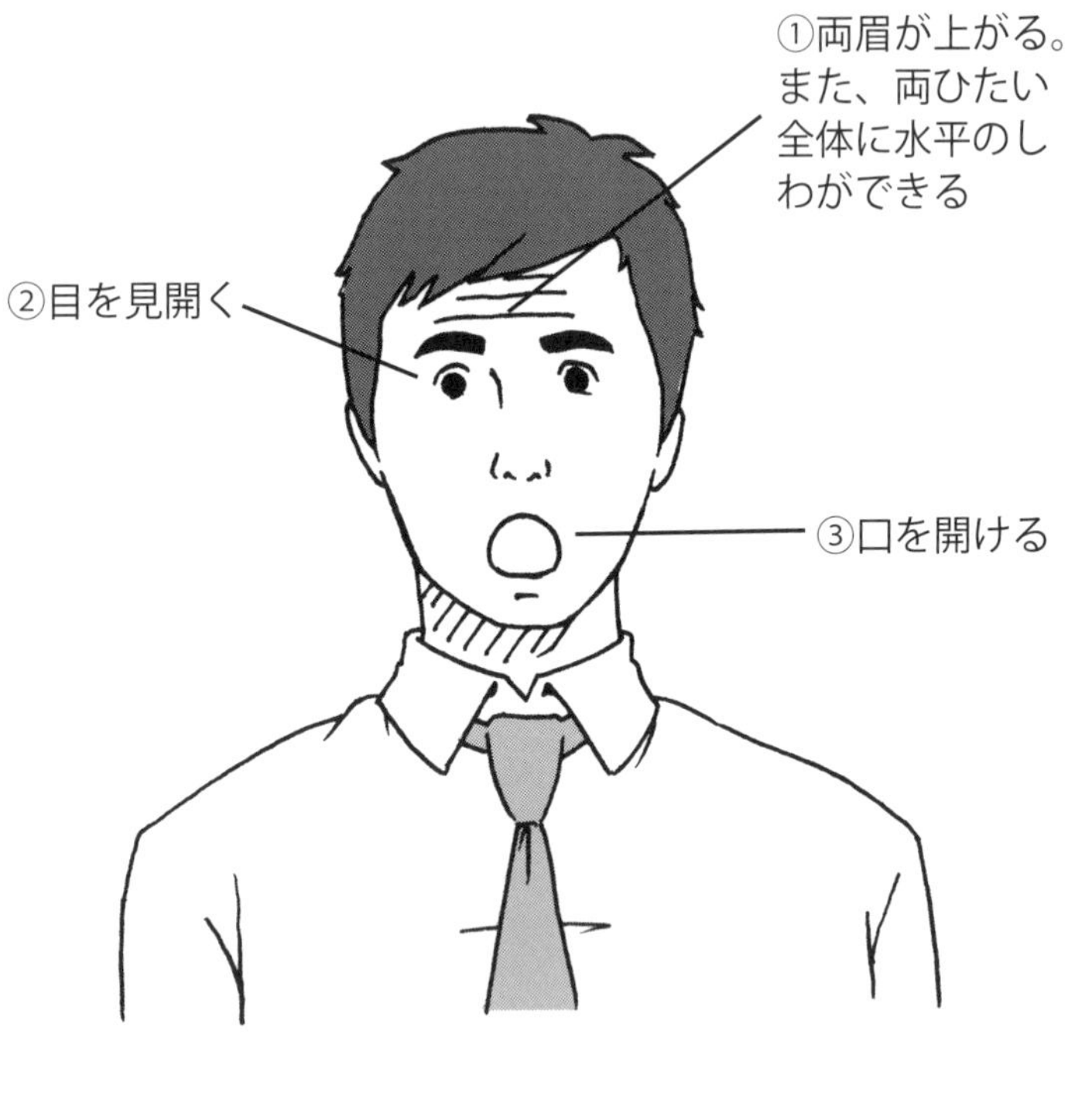

「驚き」の表情を示す特徴は、**「大きく開く目と口」**です。「両眉を上げる」＋「目を見開く」＋「口を開ける」が表われたら、「驚き」だと考えてください。

「驚き」とは、驚愕、当惑、瞠目《どうもく》などを含む感情のことを言います。「驚き」は**予期していないことが起きたときに表われます**。状況を把握するために目を見開き、十分に呼吸するために口を開けることでより多くの情報を得ようとします。

進化生物学的には、「驚き」の表情は予期しないことが起きたことを示し、周りの仲間にその出来事に対する準備をさせるサインです。

微表情を読む前に、これだけは知りたい3つのこと

いかがでしたでしょうか。

次の章からは、微表情をコミュニケーションに役立てる例を、シーンごとに解説していきます。ですが、その前に、微表情を読むときに注意していただきたいことをいくつかお話ししておきましょう。

注意事項は次の3点、**「スピード」「顔の動きの種類」「視点」**です。

■感情が駆け巡るスピード

まずスピードについてです。

微表情とは、0・2秒以下のスピードで顔を駆け巡る表情であると説明しました。

もちろん間違いではないのですが、微表情の中には、1～2秒続くものもあるのです。

そんな長い間、顔に表われていたらすぐに気付きそうなものですが、意外なことになかなか気付くことはできません。

なぜならば、表情の動きが非常に弱く、微妙にしか顔に表われてこないからです。さらに微表情は常に顔全体に表われるとは限らず、顔の一部にしか表われないこともあります。したがって、微表情の表われ方をまとめると、次の2つとなります。

①一般的な微表情は0・2秒以下だが、1〜2秒続く微表情もある

②顔全体に微表情が表われることもあるが、顔の一部にしか微表情が表われないこともある

■気付いてほしい会話のシグナル

次は、顔の動きの種類についてです。

顔の動きには色々ありますが、大別すると**「表情のシグナル」**と**「会話のシグナル」**というものに分けることができます。会話のシグナルとは、私たちが会話をするときに意識、無意識を問わず、動かしている顔の筋肉の動きのことです。

感情の表われを通常、表情、と呼びますが、会話のシグナルは感情の表われである表情ではありません。

会話のシグナルは、眉の動きに顕著《けんちょ》に表われてきます。会話をしているときに、目の前の人の眉が上下に動いていることを思い出した方もいるでしょう。眉を一切動かさずに会話をしている人は稀《まれ》です。

私たちは眉を巧みに上下に動かしながら会話をしています。聞き手としては、両眉を上げて相手の話に関心を示したり、両眉を下げて相手の話に困惑を示したりしてコミュニケーションを取ります。話し手としては、両眉を上げ下げして強調したい話のポイントを示します。微表情と会話のシグナルの違いは、明らかにわかるか、わからないかで見分けることができます。

例えば「両眉が中央に引き寄せられる」という動きで考えてみましょう。微表情の場合は、抑制された感情の表われですので、微妙に眉が下がります。よく観ていないと見逃してしまう、もしくはよく観ていても認識できないかも知れない動きです。会話のシグナルの場合は、相手の顔を見て話をしているならば、その動きに気付くことができます。

それもそのはず、**微表情は相手に悟られまいとする顔の動きなのに対し、会話のシグナルは相手に気付いてもらおうとする顔の動き**だからです。

■日本人は意外にもココを見ていた！

最後は、視点の話です。

突然ですが、みなさんは絵文字って使いますか？

ちょっと絵文字で笑顔と悲しみを書いてみてください。想像ではなく、できれば実際に書いていただけると面白いことが体感できると思います。

みなさんはどんな絵文字を書かれましたか？　笑顔＝「^_^」、悲しみ＝「>_<」もしくは「;_;」を書かれた方が多かったのではないでしょうか？

また、笑顔＝「:-)」、悲しみ＝「:-(」を書かれた方もいるかも知れません。

この2種類の笑顔と悲しみの絵文字、何が違うかおわかりでしょうか。

正解は、**目が変化しているか、口が変化しているかの違い**です。

前の絵文字は日本で使われているもので、後の絵文字は英語圏で使われているものです。日本人は目の変化に注意して表情をとらえ、アメリカ人は口の変化に注意して表情をとらえているのです。

実際に、**「目は笑顔で口が泣いている」顔を日本人は笑顔と判定する傾向が強く、「目が泣いていて口は笑顔」の顔をアメリカ人は笑顔と判定する傾向がある**ことが実験によりわかっています。

したがって、意外なことに私たち日本人は、相手の目の変化に敏感な可能性が高く、口の変化には鈍感なのかも知れないのです。

これは、「相手の目をしっかり見て話を聞きなさい」という教育のおかげなのかも知れません。目だけでなく口もしっかり見ると、より相手の感情を察知できるはずです。

日本人の視点という観点からもう1つ注意事項があります。それは、**私たち日本人は「驚き」と「恐怖」を取り違えてしまう傾向がある**ということです。

ある研究では、アメリカ人の「恐怖」の表情の読みとり正解率が85%であるのに対し、日本人の正解率は66％であることが明らかになっています。また他の研究では、日本人が「恐怖」の表情を読み間違えるとき、「驚き」の表情だと認識してしまう傾向があることが報告されています。

その理由として、日本人はアメリカ人に比べて、日常的に脅威を感じることがなく「恐怖」の表情を見ることが少ないため、「恐怖」の表情に似ている「驚き」の表情と取り違えてしまうのではないか、と言われています。

それでは、会話の中で、他にどんなポイントに注意すればいいのか、見分けにくい表情を「会話のシグナル」を例に見ていきましょう。

表情と会話のシグナル「集中」顔編

「怒り」の表情の眉の形、もしくは口の形を見た方の中には、「これって物事を真剣に考えているときの顔と同じじゃない？」と思われた方がいるかも知れません。スルドイ！　まさにその通りなのです。「怒り」の表情の中の「両眉を中央に引き寄せる」と「唇を固く閉じる」という表情筋の動きは、物事を真剣に考えているときの顔と同じです。

顔の動きには、感情の表われである表情と、頭の働きの表われである会話のシグナルというものがあります。会話のシグナルは、人に話しかけているとき、人の話を聞いているときに感情以外の顔の動きとして起こります。

「両眉を中央に引き寄せる」と「唇を固く閉じる」という顔の動きの核の意味は、「集中」です。私は、これらの表情を「集中」顔と呼んでいます。

「集中」顔は、感情になると「怒り」を表わし、会話のシグナルとなると「熟考」を表わします。「怒り」は、目的を達成しようとしているときに邪魔や障害が生じると引き起こされる感情です。この目的到達を阻んでいる障害に「集中」して的を絞り、攻撃態勢を取ろうとする機能を「怒り」の感情は持っています。

会話のシグナルの「熟考」は、「集中」して自分の話を組み立てたり、相手の話を理解しようとしたりする機能を持っています。こうした理由から「怒り」の表情と「熟考」の表情を「集中」顔と呼んでいるのです。

それでは、目の前の相手が怒っているのか、真剣に頭を使っているだけなのか、両者をどう見分ければいいのでしょうか？

私たちは公の場合で「怒り」を感じても、理性を忘れてフルパワーで「怒り」を爆発させるとき以外、「怒り」の感情を抑えようとするものです。そうすると、「怒り」の感情は、「怒り」の微表情として表われてきます。

つまり、一瞬だけ、もしくは僅かに「両眉を中央に引き寄せる」表情や「唇を固く閉じる」表情が顔に表われるのです。したがって、一瞬もしくは僅かにこうした動きが生じれば、それは「怒り」の可能性が高く、しばらくの間、明らかにこうした動きが生じていれば、それは「熟考」の可能性が高いと考えられます。

みなさんの周りに、いつも眉を下げ、眉間にしわを寄せている怖い顔の方——上司、社長、お客様など——はいませんか？　その方は、イライラしているのではなく、本当は物事を真剣に考える思慮深い方なのかも知れませんよ。

表情と会話のシグナル「情報検索」顔編

「集中」顔編に続き、会話のシグナル「情報検索」顔編です。「両眉を上げる」「目を見開く」「口を開ける」の単一もしくはコンビネーションの動きは、感情としては「驚き」となり、会話のシグナルとしては「興味・関心」となります。

両方とも、自分の身の回りで起きている事態の情報を検索する機能があるため、私はこれらの動きを「情報検索」顔と呼んでいます。

それでは、自分が「情報検索」顔をするときを考えてみましょう。満員電車に揺られている場面で、2~3メートル先で突然、誰かの大声を聞くとします。このとき、驚いてそちらの方を向き、何が起きたのだろうと関心を抱いて、声がした方向を見続けると思います。「驚き」から「興味・関心」へと変化していくような状況です。

こうした状況では、最初の「驚き」で両眉が上がって目を見開きます。そして、「驚き」という感情から「関心」という頭の働きを表わす会話のシグナルへ移行するときに、目の見開きだけが引き続き顔の動きとして残るのです。

次に話し相手が「情報検索」顔をするときを考えてみます。交渉の場を想像してみてください。交渉の場で、相手は興味を抱いているポイントを隠しているとします。このとき、**相手はあなたの話に「関心がありますよ」「あなたの話を聞いていますよ」ということを表わすために、時折わかりやすく両眉を上げることがあります。**

これは会話のシグナルです。また、あなたが、ある話題について話し始めたとき、一瞬だけ、もしくは僅かに両眉が上がることがあるでしょう。これは「驚き」の微表情だと考えられます。この「驚き」の微表情から、相手の隠そうとしている興味ポイントをうかがい知ることができるのです。

「驚き」の微表情か「興味・関心」の会話のシグナルかを見分けるには、「集中」顔と同様に、顔の動きの継続時間を頼りにする方法が有効です。「驚き」の微表情ならば一瞬、僅かに表われ、会話のシグナルならば、しばらくの間、明らかに表われるでしょう。

エクササイズ

微表情はココに表われやすい！①

ここで少し「幸福」「軽蔑」「嫌悪」の表情の復習もかねて問題に挑戦してもらいたいと思います。

下にある表情は、「中立」「幸福」「軽蔑」「嫌悪」の表情のいずれかです。①～④のイラストがどの表情かを当ててみてください。

それでは正解を発表していきます。普段、私たちは表情を全体的な印象として見ているため、部分的な表情から各表情の違いを判断するのは意外

①
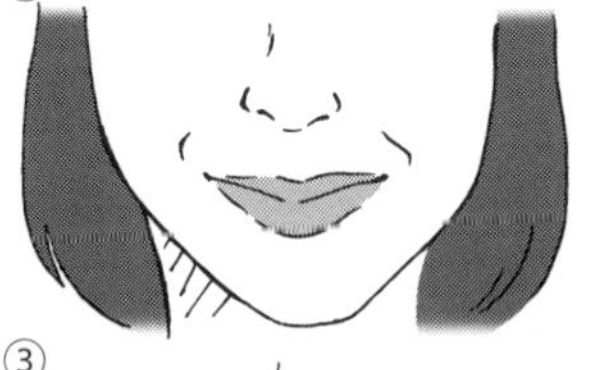

②

③

④
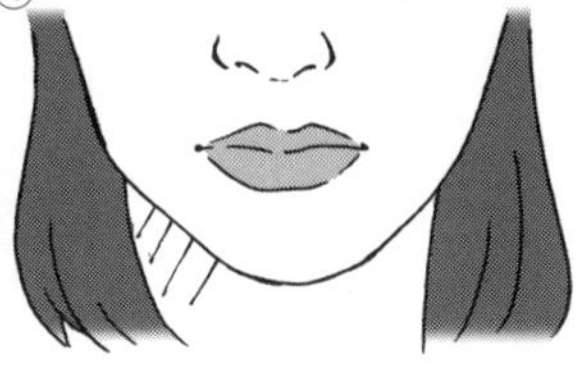

に難しいものです。

しかし、微表情は部分的に表われることもあるので、各表情の細部の区別が重要となってきます。

「幸福」「軽蔑」「嫌悪」の表情の違いは口元です。口周辺の形の違いから「幸福」「軽蔑」「嫌悪」の微表情を見分けることができます。

正解は、①＝「幸福」、②＝「嫌悪」、③＝「軽蔑」、④＝「中立」。

では、④の「中立」の表情を基準に解説していきましょう。

①の「幸福」は、両口角が左右対称に引き上がっているのがわかります。「中立」の表情に比べ、ホウレイ線は水平方向に広がり、ホウレイ線の溝もくっきりと浮かび上がっているのがわかります。

②は「嫌悪」です。唇部分が「中立」の表情と比べて、厚くなり、唇全体が上の方

へ引き上げられているのがわかります。ホウレイ線は垂直方向に伸びています。これらの形は、鼻の穴にフタを閉めようと、鼻の周りにある筋肉が収縮した結果です。

③の「軽蔑」は、右の口角に比べ左の口角が高い位置に引き上げられています。「軽蔑」の表情が純粋な形で表われるときは、左右どちらかの口角が引き上がります。

しかし、「軽蔑」の表情が「幸福」の表情でマスクされる場合、左右どちらかの口角がアンバランスに引き上げられるのです。

ただし、私たちの顔は基本的に左右非対称ですので、「軽蔑」の表情と断定する前に、観察している人物の「中立」の表情がどれくらい左右対称か、その人物が笑うときどれくらい左右対称に口角が上がっているのかを確認する必要があります。

また「作り笑い」も左右非対称に口角が上がる傾向があるため、「作り笑い」なのか「軽蔑」を「幸福」でマスクしたのかに注意する必要があります。

エクササイズ

微表情はココに表われやすい！②

ここでエクササイズ①に続き、「怒り」「悲しみ」「恐怖」「驚き」の表情の復習もかねて、問題に挑戦してもらいたいと思います。

下にある表情は、「怒り」「悲しみ」「恐怖」「驚き」の表情のいずれかです。①〜④のイラストがどの表情かを当ててみてください。

それでは正解を発表します。エクササイズ①同様、難しいですね。一見、どれも同じに見えますが、よく見ると違いがわかってきます。

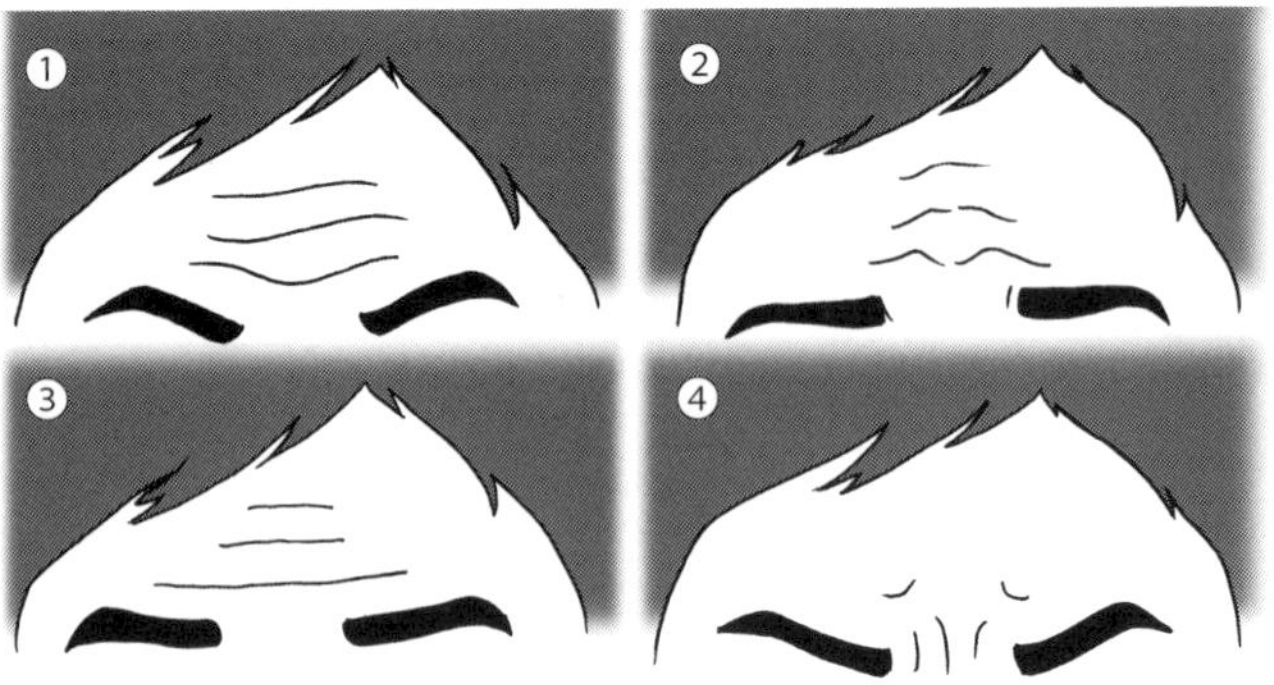

正解は、①＝「恐怖」、②＝「悲しみ」、③＝「驚き」、④＝「怒り」です。

①は「恐怖」です。「波状のしわ」がひたい中央部に形成されているのがわかります。「両眉を上げる」という動きによって、ひたい全体に「水平のしわ」が形成されます。③がこの「水平のしわ」です。③では「水平のしわ」が、ひたいの端まで延びているのがわかると思います。

この動きに「両眉を中央に引き寄せる」という動きが追加されることにより、ひたいのしわがギュッと中央に凝縮され「波状のしわ」が形成されます。このとき、ひたいの端にあったしわの線が消滅しているのが①の表情からわかると思います。この「波状のしわ」が「恐怖」の表情の特徴です。

②の「悲しみ」は、「山状のしわ」がひたい中央部に形成されていますね。「眉の内側を上げる」＋「両眉を中央に引き寄せる」という動きによって、ひたい中央部に「山

状のしわ」が形成されます。この「山状のしわ」が「悲しみ」の表情の特徴です。

③は「驚き」です。「水平のしわ」がひたいの端まで延びているのがわかると思います。「両眉を上げる」という動きによって、ひたい全体に「水平のしわ」が形成されます。この「水平のしわ」が「驚き」の表情の特徴です。

④の「怒り」は、「縦じわ」「斜めのしわ」が眉間にできています。「両眉を中央に引き寄せる」という動きによって、「縦じわ」「斜めのしわ」が眉間に形成されます。この「縦じわ」「斜めのしわ」が「怒り」の表情の特徴です。

第3章

コミュニケーションを支配する微表情の使い方

SCENE

1

商談、交渉の場面で相手の隠された感情をとらえる

この章では、ビジネスや日常でよく目にするシーンごとに、特に注意していただきたい微表情を紹介していきます。普段、何気なく交わされる会話の中には、どんな微表情が潜んでいるのでしょうか。

商談や交渉では様々な想いや意図が飛び交います。それらがストレートに表現される場合もあれば、隠される場合もあるでしょう。想いや意図が隠されるのは、それなりの理由があるのです。

それでは、隠された感情にはどんな理由があり、どのようにして対応すればいいのでしょうか。本シーンでは、商談、交渉の場面で相手の隠されたホンネをとらえ、話の軸や方向性を適切に調整する方法をご紹介します。

営業マン、接客スタッフは、この表情だけ覚えればOK！

営業マン、接客スタッフの方たちに覚えておいていただきたい微表情は、「怒り」と「驚き」、そして会話のシグナルです。

もちろん全ての種類の微表情をキャッチし、適切な行動に結び付けることができればベスト。しかし、**これだけは押さえておいて欲しい！　というものを挙げるなら、「怒り」及び「驚き」の微表情と、会話のシグナル「集中」顔と「情報検索」顔です。**

その理由は、営業や接客では、商品やサービスの説明をすることが業務の中心となってくるからです。商品やサービスの説明を聞いているお客様は、その説明を理解するのが難しいと感じれば、説明を理解するのに「集中」しなくてはなりません。その説明が興味を惹くようなものならば、説明をもっと聞きたいと「情報検索」するようになるでしょう。

　このように、お客様の心の状態を大きくとらえ、セールスポイントを追加したり、説明を省いたりするタイミングをつかむのは、営業や接客において重要なスキルと言えるでしょう。それでは、具体的な状況で考えてみましょう。

■「怒り」の微表情は謝罪ポイント

　あなたは営業マンもしくは接客スタッフです。ある商品の特徴について説明をしている場面で、お客様の顔に「怒り」の微表情が表われたとします。なぜお客様は「怒り」を感じているのでしょうか？　それには様々な解釈が考えられます。

　例えば、あなたの説明が、ゆっくりすぎる、丁寧すぎる、具体的すぎて何が大切なポイントなのかわからないという理由があるでしょう。もしくは、その逆かも知れません。あなたの説明が早すぎる、雑、抽象的すぎて理解するのが難しくてわからない、という解釈もできます。

　また、わかりきっている説明を延々と続けている、という理由でお客様は「イライラ」している可能性もあります。この「怒り」の微表情の対応法は、もちろん先の「怒り」の解釈によって変える必要があるでしょう。

「怒り」の感情というのは、「目的達成に対する障害」が生じたときに表われる感情です。商品説明を聞くという場面でのお客様の目的は、商品を買うかどうかを決めること。ここでの障害は、商品を買うかどうかを決める材料が効率的に手に入らない（説明が具体的、抽象的すぎるなどの理由から手に入らない）、といったことが考えられます。

したがって、どうすればその障害がなくなるのか、その材料をお客様が手に入れることができるのかを、場面ごとに考えることが大切です。

応急処置としては、**お客様の「怒り」の微表情をキャッチしたら、とにかく謝罪をする。**「説明が不明瞭で申し訳ございません。お客様の一番お知りになりたいことは何でしょうか？」というような発言を心がけるだけでも、お客様の「怒り」を鎮め、話の軸を調整することができるでしょう。

では、お客様の顔に「熟考」の会話のシグナルが表われたらどうしますか。

「熟考」の場合は、「怒り」より解釈の幅が狭《せば》まる場合がほとんどです。お客様の顔に「熟考」の会話のシグナルが表われた多くの場合は、あなたの説明が理解できない、という解釈ができます。

「怒り」同様、ケースバイケースの対応が考えられますが、大抵の場合、**丁寧な説明、説明に間を置く、お客様に質問を促《うなが》す**、といった対応が効果的です。

■「驚き」の微表情は説明のチャンス

次に、同様の状況でお客様の顔に「驚き」の微表情が表われたとします。なぜお客様は「驚き」を感じているのでしょうか。「怒り」と比べて「驚き」は短い感情ですので、解釈の幅も狭まります。そのため、ここでは「驚き」の微表情が表われたポイントが大切になってきます。

なぜなら、お客様はあなたの説明のある部分に、ピンポイントに興味を抱いた可能性があるからです。**お客様に「驚き」の微表情が表われたなら、そのポイントを詳しく説明するといいでしょう。**

営業マンや接客スタッフが強調したいセールスポイントと、お客様が聞きたいポイントは異なる場合があります。度々、セールスにかける想いが強すぎるあまり、お客様の関心ポイントとは無関係に、用意してきたセールスポイントをバンバン話す営業マンを見かけますが、これは諸刃《もろは》の剣です。勢いや熱意だけでうまくいくケースもあれば、うまくいかないケースもあるでしょう。

また、このような〝啖呵《たんか》売り〟は、セールスマンの性格によるところが大きいように思います。セールスマンの性格や気質に左右されず、誰もがセールススキルを向上させる方法としては、お客様の微表情や会話のシグナルからセールストークを調整していく方がうまくいく可能性が高いのです。

■「興味・関心」の会話のシグナルは演技を疑え

お客様の顔に「興味・関心」の会話のシグナルが表われた場合はどうでしょうか。お客様はあなたのある説明ポイントに興味を抱いている可能性もありますが、あなたの話に調子を合わせているだけの可能性もあります。

セールスマンに気を遣うお客様は「興味・関心」の会話のシグナルを演技します。また、演技ではなくても、会話の波長が合うときに「興味・関心」の会話のシグナルは自然に表われます。

したがって、このシグナルを見ても直ちに何らかの対応法をとる必要はありません。

ただし、「興味・関心」の会話シグナルが2〜3秒続く場合は例外です。

あなたが商品の説明をしているとき、お客様が2〜3秒間ほど両眉を上げ、「興味・関心」のシグナルを表わすとします。こうした場合、「興味・関心」が連続的に続いているか、もしくは、「驚き」の表情が演技されていると考えることができます。

「興味・関心」が連続的に続く場合、「熟考」ほどではないにしろ、あなたの話に疑問を感じ、さらなる情報を欲している場合と、単純にあなたの話に興味を抱き続けている場合があります。

「興味・関心」と「驚き」の表情の演技とを見分けるポイントは、笑顔の有無です。

「興味・関心」のシグナルは、多くの場合、軽い笑顔が伴います。「驚き」の表情が演技されているときは、極端に高く両眉が上げられたり、口が大きく開けられたりするため、わざとらしい印象を受けます。

ただし、「驚き」の微表情が演技されることは稀です。もし、お客様の「驚き」の微表情をキャッチできれば、お客様の本当の興味の対象を知ることができるでしょう。

商談相手が乗り気かどうかを見極める秘訣

ビジネス上の商談や、消費者のお客様と直接やり取りをする店頭販売などの場面で、取引先相手の支払い限度額を適切に見極めたり、お客様の財布事情を察知し、適切な金額を提示したりして、交渉を成功させてしまう方がいます。

一方、契約は成立したのだけど「本当はもっと高く売れたのではないか?」「相手の予算はまだまだ余裕があったのではないか?」と後悔したり、お客様の勢いに負けたり、販売成績が切羽詰まっていたりして、限度値引き額を超えて商品を販売してしまったりする方もいます。こうした交渉の成功・失敗にはどんな原因があるのでしょうか。

交渉の成功・失敗には様々な要因が複雑に絡み合っており、それを特定することは一筋縄にはいきません。しかし、交渉場面における売り手側の成績が、表情を識別する能力と関わっているということが、ワシントン大学で組織行動学を教えるエルフェンベイン博士の実験からわかっています。

この実験からわかっていることは、**交渉の場面において成績の良い売り手ほど、表情を正確に読める能力が高い**、ということです。一方、買い手の交渉能力と表情識別能力とは関係がない、ということがわかっています。

この実験では、売り手がどのように買い手の表情という情報を用いて交渉を有利に進めたかは明らかにされていません。しかし、他の交渉実験や、現実の交渉経験から類推するに、「買い手の表情変化」と「商品知識に対する売り手と買い手の情報量の差」が合わさることで、効力を発揮するのではないかと考えられます。通常、商品に関する知識は、買い手より売り手の方が多く持っていることがほとんどです。

つまり、成績の良い売り手は買い手の興味の方向性や予算の都合などを表情の変化から察知し、商品のセールスポイントに強弱を付けたり、適切な商品を勧めたりしながら、持っている商品情報の出し入れを巧みに行なうことができるのです。

もちろん、実際に買い手の関心度を表情から読みとり、その情報をうまく活かせるか否かは、売り手の言葉の選択、商品の知識量などによって変わってきます。
売り手の表情識別能力は、交渉成功の必要条件だと言うことができるでしょう。

■交渉をリードするテクニック

それでは、交渉の場面における売り手の表情識別能力の活かし方を具体的な状況で見ていきましょう。
購買プロセスは何段階かに分かれていますが、ここではそのプロセスの中でも一番慎重を必要とする購買の最終局面――商品を買うか買わないかの決定場面――に焦点を合わせて説明します。商談もしくは店頭販売中の売り手側の立場だと想像して読み進めてください。

あなたは潜在的な買い手に商品の説明をしっかりし、相手の質問にも十分に答えてきました。そろそろ商品の説明も大方終わり、自分の持ち札もなくなってきています。買い手からの質問も少なくなり、売り手のあなたも買い手の相手も沈黙することが多くなってきました。さぁ、そろそろ購買決定の最終局面、買うか買わないか、という場面のようです。

あなたと相手の目の前には、Aという商品（サービス）とBという商品（サービス）が並んでいます。ここでは、商談の相手が、「従来の商品と新商品を比べている」「A商品とB商品を比べている」「商品の値段と予算を比べている」等、何かを比較している状況を想像してください。

こうした状況において、買い手の顔には様々な表情や微表情が表われます。それでは、買い手のどんな表情・微表情が話に乗り気、購買・契約意欲がある、もうひと押しで「買う」を意味するのでしょうか。


結論としては、**どんな表情・微表情でも買い手に表われたならば、もうひと押し**だと考えられます。

それは、**何らかの感情が相手の表情に表われているということは、この最終局面を大切にしている**、ということを意味するからです。感情が表われるということは、買い手は意思決定の手助けに感情を利用しており、自分の感情や意思をどこに着地させようか、まさに検討していることを意味しています。

感情の表われが普通の表情となるか微表情となるかは、その局面の重要度によって変わってきます。店頭で少額の商品を買うかどうかの状況に比べ、商談で大口契約をするかしないかという状況の方が、買い手自身が抱える責任が重く、ホンネを隠す必要が生じる場合があり、微表情が表われる可能性が高くなります。

また、たとえ少額の買い物でも、お客様の予算が限られていたり、必ず手に入れる必要があるものならば、その重要度は上がり、微表情が表われる可能性があります。

■愛想笑いに要注意

それでは、代表的な表情・微表情を取り上げ、対応法を説明します。最初に、愛想笑いの場合を考えてみましょう。**買い手の顔に愛想笑いが表われた場合、さらに交渉を続けようとする意思表示か、交渉決裂の前触れの可能性が考えられます。**

本心からの笑顔はすでに満足していることを意味するので、購買プロセスの最終局面で本心からの笑顔が表われたなら、買い手はそのまま「買う」選択に向かうでしょう。しかし、買い手が愛想笑いを浮かべるということは、売り手のあなたに対して愛想を振り向けているわけです。

これは「もう少し安くしてよ」という前触れか、後味を悪くしないように交渉を白紙に戻す前触れだと考えられます。経験上、交渉の最終局面で愛想笑いを浮かべ交渉決裂に持っていくのは、日本人やアジア人に見られる傾向だと言えます。

■「嫌悪」「恐怖」「悲しみ」が表わす前触れ

買い手の顔に「嫌悪」の表情・微表情が表われた場合、買いたくても「買う」に踏み切れない、引っかかっている条件がどこかにある可能性が考えられます。そのため、購買に必要な条件の中で妥協点を探すことが必要です。

買い手の顔に「恐怖」の表情・微表情が表われた場合、買い手はその商品を買わなくては困る状況にいる可能性があります。強気な態度で相手の意思決定を待つのも手ですが、多少の譲歩を見せることで気持ちの良い取引ができるでしょう。

「悲しみ」の表情・微表情の場合、「恐怖」の場合と同じ可能性もありますが、「買う」選択ができそうになく残念、という決定をする前触れの可能性があります。

商品を購入してもらいたければ、これ以上売り手として妥協できるのかどうか検討が必要です。

「熟考」の会話のシグナルもよく買い手の顔に観察されます。**買い手の顔に「熟考」の会話のシグナルが表われた瞬間、セールスポイントを強調するか、もしくはセールスポイントを再度繰り返して印象付けてください。**迷っている買い手の背中を押す効果があります。

■「中立」は視線を手がかりに

最後に買い手の顔が「中立」の表情のままの場合、残念ながら表情が動いてくれない限り、相手の想いや意図を読みとることは困難です。

しかし、手掛かりはあります。それは買い手の視線に注目することです。買い手の視線が商品に注がれていたり、どこか一点を見つめていたりするならば、商品に興味があり、最終的な検討段階にいることを意味します。人の視線は興味の対象に向かうものなのです。

また、人が何かを考えるとき、視線は一点に集中する傾向にあります。対応法としては、「熟考」の場合と同じで、セールスポイントを強調するといいでしょう。

消費者のホンネとタテマエはこうやって見抜く

買い物をしたり、食事をしたりするときに、お客様アンケートの記入をお願いされることがあります。お客様がどれくらい商品やサービスに満足しているのか。マーケティングの観点からは非常に気になるところです。よく紙やwebのアンケートなどで満足度を測る形式がとられていますが、どのくらいお客様のホンネが反映されているのでしょうか。

こうしたアンケートに記入するとき、アンケートの質問内容がわからなかったり、質問自体にそんなに真剣に答えていなかったり、購入時の記憶があいまいで答えられなかったりするのは私だけではないはずです。

また、商品の購入動機が店に入る前と後とで変わっていることや、本当の動機に自分自身すら気付いていないこともあります。

ハーバードビジネススクールのジェラルド・ザルトマン教授によると、**自分自身の思考や感情のうち自覚しているものはたったの5％で、無自覚のものが95％**なのだそうです。私たちが質問形式のアンケートに正確に答えられないのも納得です。

それでは、その無自覚の95％の声まで耳を傾けられる方法はないのでしょうか。そうです、お客様の無意識の表情、微表情をキャッチすればいいのです。

サンフランシスコ州立大学のディビッド・マツモト教授らの研究チームが、商品に関するインタビューを受けているときに見せる消費者の表情と、そのときの感情状態を計測しました。手順としては、100人以上の消費者に、いくつかの日用品を対象として、その商品のコンセプト・使用法・テレビコマーシャルについてインタビューを行ない、応答時のそれぞれの表情を計測します。

分析の結果、次のことがわかりました。インタビュー応答時の消費者の表情は……。

- **ほとんどの場合、真顔に近いか、もしくは緩やかな程度の笑顔である**
- **消費者の口にすることと表情は4割弱が一致していない**

・**消費者の表情の半分以上が「軽蔑」「嫌悪」「怒り」の微表情を見せている**
・**心からの笑いが起こることはほぼ皆無で、愛想笑いもあまり観察されない**

この研究結果を見ると、紙やweb形式のアンケートよりもずっと多くのホンネが対面式のインタビューから得られるのだとわかります。特に、消費者の言葉と表情が4割弱しか一致していない、さらに「軽蔑」「嫌悪」「怒り」の微表情が半分以上という結果には驚きです。

なぜなら「この商品は大変素晴らしいですね」「凄く気に入りました！　また今度同じシリーズの商品を買いますね」などと**商品を褒めてくださるお客様の言葉の4割弱は、平たく言えばお世辞、もしくはウソかも知れない**、ということだからです。

もちろん、その逆もあり得ます。つまり「この商品はまるでダメ」と言いつつも内心凄く気に入っているお客様が、ウソをついている自分に対して自己「嫌悪」を抱くような可能性もあります。このようなケースは、クレーマーのような特殊な場合ではあり得るかも知れません。

■お客様のホンネを見分ける微表情

お客様のホンネが言葉ではなく、微表情に表われるという現象は、様々なケースで起こります。

「シェフが丹精込めて作り上げたスペシャル料理です。○○様のために本日ご用意させていただきました」などと言われて提供された料理が口に合わなかった場合、「凄く美味しいです！」とは言いつつも、お客様の顔には「嫌悪」の微表情が一瞬駆け巡っているかも知れません。

高級レストランでなくても、ホームパーティーの場面でも構いません。同僚や懇意にしている方のお宅で出された料理が口に合わなくても「不味い！」などと誰がホンネを言えるでしょうか。

「嫌悪」の微表情をキャッチすることができれば、その料理を無理に勧めることもなく、別の料理を出したり、次回来たときに同じような料理を出すことを避けたりすることができるでしょう。

店頭販売のケースで考えてみましょう。「ウチの商品、どこのメーカーさんの商品にも負けていないですよ！」と説明する店員さんの話を聞いているお客様の表情には「嫌悪」の微表情が浮かんでいるかも知れません。

また、店員さんよりも商品情報を詳しく知っているお客様は、「この店員さん、知識がないな〜」と思い「軽蔑」を感じることもあるでしょう。「軽蔑」の中には、優越感を表明したいという気持ちが隠されている場合があります。

したがって、そんなときはお客様の優越感を刺激し、店頭に置いてある商品の足りないところ、弱点、こんな機能があればもっと良い、などをお客様に伺ってみると良いでしょう。押さえつけられた「軽蔑」の感情が、言葉として出てくるかも知れません。その場で商品が売れなかったとしても、マーケティングのいい材料となります。

■笑顔のクレームの中にもホンネがある

クレームの場面では、「怒り」の微表情が観察されます。日本人やアジア人のお客様に多い傾向ですが、何かクレームを言いたいとき、不満を前面に出して言いに来るのではなく、愛想笑いを浮かべてクレームを言いに来るお客様がいます。お客様の愛想笑いの隙間に表われるホンネ、微表情を読みとれているでしょうか。

あるフランチャイズの飲食店で実際にあったケースです。

ニコニコ笑いながらクレームをつけてきたお客様を、通常の対応で返したアルバイトさんがいました。その場は何事もなかったのですが、後日そのお客様から「なんだ、あの対応は！」という大クレームの電話が本部にあったと言います。そう、アルバイトさんの対応がお客様の気持ちを逆なでしてしまったのです。

しかしそのアルバイトさんいわく、お客様のニコニコ顔からお客様が怒っているとは思わず、クレームを言われているという自覚も全くなかったそうです。

私はその場にいなかったので確実なことは言えませんが、本部にまで大クレームの電話を入れるくらいですから、そのニコニコ顔には「怒り」の微表情が潜んでいた可能性が考えられます。そのアルバイトさんはお客様の「怒り」の微表情に全く気付かなかったのでしょう。

微表情から察するお客様のホンネ。お客様の微表情を読みとれるようになることで、お客様の気持ちを汲み取った様々なサービス向上、おもてなし力向上へ向けた取り組みができるのです。

エクササイズ

微表情を読みとり、リピーターを逃さない

それでは本節の説明をヒントに、微表情の読みとりからコミュニケーションの流れを円滑にするというプロセスを考えてもらいたいと思います。

なお、以降のエクササイズに登場するケースは、実際にあった例を個人が特定されない程度に脚色して作成したものです。

ケース：パソコンを購入した宮下さん。店員さんの勧めでメンバーズカードの登録をしました。カード登録者は、保険が適用されパソコンが故障してもすぐに対応してくれるとのこと。月に300円の会費がかかるようです。このとき、店員さんが宮下さんに次のように説明しました。

店員さん「サイトにアクセスしていただいて、電池でも何でも、カードを通してい

ただければ、無料になりますので」

宮下さん「なるほど～わかりました」

その後、購入手続きが終わり、宮下さんはお店を後にしました。

問題：みなさんが店員さんならどんな対応をしますか？

解説：宮下さんの両眉が中央に引き寄せられているのがわかります。これは「怒り」の微表情か「熟考」の会話のシグナルです。「怒り」か「熟考」かを見分けるポイントは、スピードでした。

瞬間的かつ僅かな動きならば「怒り」の微表情で、わかりやすく表われていたら「熟考」の会話のシグナルです。

「怒り」の微表情ならば、店員さんの説明が不明瞭なことに対する「イライラ」だと考えられます。「サイトにアクセスするとはどうやってやるのか?」「カードを通すとはどういうことか?」「無料になるというのは、電池が無料になるのか、はたまた月300円の会費が無料になるのか?」など、宮下さんが不明瞭だと感じる原因はいくつか想像できます。

本ケースの「怒り」の微表情に対しては、説明を丁寧かつ明瞭にする、という方法が考えられるでしょう。不明瞭な言葉使いや主語の省略をしない、実際にカードを通すと言う作業をやってみせる、などの対応が必要です。

「熟考」の会話のシグナルならば、店員さんの説明を理解するのに困難を感じていると考えられます。理解困難の原因は、「怒り」の場合と同じだと考えていいでしょう。また対応法も「怒り」の場合と同じで問題ありません。

しかし、**接客のレベルを１つアップさせたいのならば、宮下さんに対する気遣い、心遣いの程度の按配《あんばい》を「怒り」と「熟考」とで変える必要があります。**

「熟考」と比べて「怒り」の方がマイナスな感情状態ですので、「怒り」の微表情の対応にはより繊細な心遣いが必要となってきます。例えば、謝罪の言葉を入れる、笑顔で接客する、「イライラ」の原因となっている不明瞭なか所が解消されているかを１つひとつ確認する、などが考えられます。

このケースには後日談があります。結局サイトへのアクセスの仕方もわからず、月３００円の会費が毎回、口座から自動引き落としされ続けている宮下さん。「もう絶対にあの店では買わない。わけもわからず毎月３００円が引き落とされている。説明が雑だよ」と言っていました。微表情の読みとりができないことで将来のお客様を失う可能性があることをこのケースは教えてくれます。

エクササイズ

愛想笑いのスキマに表われたホンネ

ケース：常連のお客様がレストランに来店。今日は冒険してみたいと、食事はシェフの「おまかせ」に。オーナーのあなたは、お客様の反応を伺っています。

お客様「凄く美味しいです！」

問題：みなさんがオーナーならどんな対応をしますか？

解説：一見、笑っているように見えますが、鼻の周りにしわが寄っているのがわかりますね。**これは「嫌悪」の微表情です。**「嫌悪」を愛想笑いでマスクしているのです。「嫌悪」以外にもネガティブな表情が「笑顔」でマスクされることはアジア人、特に日本人によくある現象です。

したがって、対面している相手が愛想笑いを浮かべているときほど注意が必要です。愛想笑いのスキマに何らかの否定的な微表情が浮かんでいる可能性があります。「嫌悪」の機能は、「不快なモノを排除する」というものです。

どうやってこのお客様の不快なモノを排除したらいいでしょうか。お客様は、もうすでに不快なモノ＝口に合わない食事を口にしてしまっています。口に合わないと考えられる料理に対して愛想で「美味しい」と言ってくれているのでしょう。そんなとき、すぐに料理を交換しますか？

すぐに交換してしまったら、折角のお客様の愛想という行為がムダになってしまいます。愛想をムダにしてもそれを上回るくらいのサービスが提供できるならば、すぐに料理を交換するという提案もあり得るかも知れません。

無難な対応法としては「嫌いなモノやクセがあったかどうか、さりげなく、聞いてみる」「お口なおしに何かサービスする」「お代をサービスする」などが考えられます。

SCENE

2

プレゼンを優位に運ぶ技術

本シーンでは、メッセージを伝えるときに注意したい聞き手の表情をご紹介します。

一般的に「伝える」技術とは、話し手の話し方や声の調子、表情、身ぶり・手ぶりが重視されますが、**聞き手側の変化を正しくキャッチして、初めて「伝える」が「伝わる」となる**のです。

聞き手の反応の中でも、表情ほど話し手の「伝える」技術のレベルを物語るものはありません。「伝わる」ための聞き手の表情ｈｏｗ＆ｗｈｙを紹介します。

「伝える」だけでは会話にならない

世の中には、「プレゼンテーションを成功させる」「言いたいことを適切に伝える」ということに焦点を当てたセミナー、書籍がたくさんあります。**プレゼンとは、自分の伝えたいことや伝えるべきことを他者に「伝える」行為です。**したがって、プレゼンを首尾よく効果的に行なうには、どのような言葉で、声で、身体で、他者に語りかけるべきかを学ぶことが大切です。

しかし、「伝える」という行為は、自分から一方的にメッセージを発信するだけでなく、語りかけている相手の反応を観ながら発信するという双方向の行為です。メッセージの伝え方を学ぶには、自分から発信する方法だけでなく、相手の発信しているメッセージを読みとる方法も学ぶ必要があります。

発信する方法だけを学ぶというのは、英会話においてスピーキングだけを学ぶようなものです。

英語をどんなに完璧に話すことができても、相手の言っていることが聞き取れなければ会話は成立しません。**どんなに巧みにメッセージを発信できるようになっても、刻一刻と変わる相手の反応が読めなければ、本当に自分のメッセージが正しく伝わっているのかを知ることはできないのです。**

そこで、プレゼンを優位に運ぶために、特に注意したい相手の反応を微表情に焦点を当てて説明したいと思います。

■ この表情を見れば、プレゼンは失敗しない

プレゼンのときに特に気を付けていただきたい微表情は、すでに説明した微表情――**「怒り」「驚き」「嫌悪」「会話のシグナル」――を含め、「軽蔑」の微表情**です。「軽蔑」の微表情は、「左右片方の口角が上に引き上がる」というものです。この微表情は、一見すると笑顔に見えてしまいます。

ただでさえ笑顔と見誤りやすい「軽蔑」の微表情が笑顔でマスクされてしまうと、「軽蔑」の微表情を正しくキャッチすることは非常に困難になります。**「軽蔑」の微表**

情をスルーしてしまうと、待っているのは最悪の結末です。

なぜならば、プレゼンをしている本人は、プレゼン相手が「笑顔」で自分のメッセージを聞いてくれていることに安心し、プレゼンの結末をポジティブに考えるでしょう。

しかし、笑顔だと思っていた表情は、本当は「軽蔑」なのです。

プレゼンを聞いている相手は、プレゼンをしているあなたに対して優越感を感じ、場合によってはあなたを見下している可能性があるのです。「軽蔑」の微表情を笑顔と取り違えたり、見逃したりしてしまうことは、プレゼンの失敗の大きな要因となってきます。

- **チームの仲間はあんなに「笑顔」で私のプレゼンを聞いてくれていたのに、実行段階になるとなんだか乗り気じゃない**
- **部長は「笑顔」で私の企画書を褒めてくれていたのに、企画書は結局ボツに**
- **面接採用官は、凄いニコニコ顔で話をしていたのに、なんで、不採用？**
- **「笑顔」で契約書にサインをしてくれた取引先。もしかして、値段を下げすぎてしまった？**

等々、こんな体験をしたことはありませんか？　こうした失敗の要因はもちろん様様に考えることができますが、「軽蔑」の微表情を笑顔と取り違えてしまった可能性が高いのです。「軽蔑」の微表情を見逃していれば、プレゼン失敗の大きな一因となってしまいます。

それではどのように「軽蔑」の微表情に気を付ければいいのでしょうか。また「軽蔑」の微表情に気付いたらどんな対応をすればいいのでしょうか。

「軽蔑」の微表情に気付くためのポイントは、プレゼンで自分が自信のあるか所を述べているときに相手の表情をよく観ることです。

「よし！　今自分は良いことを言った！」と思っているときが一番、注意するべき瞬間。あなたの自信に反して相手は「この人、大したこと言ってないな～」と思っている可能性があります。その感情が「軽蔑」の微表情として一瞬だけ表われる、さらに厄介なことに「笑顔」でマスクされて表われることが往々にしてあるのです。

■もし「軽蔑」の表情を察知したら……

それでは、「軽蔑」の微表情に対する対応法を紹介します。「軽蔑」の感情の機能は、「優越感の主張」です。**「軽蔑」の感情をあなたに感じている人は、あなたに対して「優越感」を抱いています**。自己が優れていることを機会があれば表明したいと考えているのです。ですから、「軽蔑」の微表情が表われたら「優越感を主張させる」という対処法をとるといいでしょう。

先の例で言えば、相手があなたの意見に対して「軽蔑」の微表情を浮かべたら、「○○さんならどう考えますか?」「私のアイディアに足りないところがある気がするのです」「私の考えをより良くするにはどうしたら良いでしょうか?」などと言い、**相手の優越感を刺激してあげる**方法が考えられます。

契約書の例の場合、サービスの値段交渉の最終段階で相手が「軽蔑」の微表情を浮かべるとします。このときの相手は「この価格交渉の勝負、自分の勝ち!」と思っている可能性があります。こうした場合は、交渉を継続させる、価格は変更しない代わりに何かオプションをお願いする、などといった方法が考えられます。

愛想笑いを見抜く7つのポイント

これから説明する表情は微表情ではありません。しかし、この表情の特徴もぜひプレゼンで気を付けていただきたいと思います。それは**愛想笑い**です。

本当は面白くもないのに笑って見せる、作った笑顔のことです。私たちは様々な場面で愛想笑いをします。ネガティブな表情を誤魔化すために愛想笑いをすることもあれば、相手に良い印象を与えようと愛想笑いをすることもあります。また、相手を騙すための愛想笑いもあれば、相手を思いやるための愛想笑いもあります。

したがって、**愛想笑い自体に良い・悪いがあるわけではありません**。大切なことは、愛想笑いは真のポジティブ感情の表われではない、ということです。一見、当たり前で、言われるまでもないようなことですが、自分が話をしているときというのは、得てして相手の表情変化に注意が向かいにくいものです。そのため、愛想笑いと本当に心から笑っている「幸福」の表情とを取り違えることがよくあるのです。

愛想笑いと真実の笑いの2つの表情を取り違えてしまうことの帰結は、「軽蔑」の微表情のときほどには深刻ではありません。しかし、2つの表情を正しく区別することができれば、プレゼンが本当はうまくいっていないのに、うまくいっていると勘違いすることを未然に防げますし、プレゼン中の愛想笑いに気付けば、プレゼンの流れを変える工夫をすることができます。

そこで、愛想笑いと真実の笑いとの違いについて、特に気を付けたいポイントを説明したいと思います。

愛想笑い（=作られた笑顔）と真実の笑い（=本当の笑顔）とを区別するポイントは次の7つです。

ポイント①非対称性

本当の笑顔は左右対称ですが、作られた笑顔は左右非対称です。

ポイント②継続時間

本当の笑顔が持続する時間は0・5秒から4秒の間ですが、作られた笑顔は、4秒以上続くことがあります。

ポイント③使われる筋肉

本当の笑顔は、口角が上がり、目の周りの筋肉である眼輪筋《がんりんきん》が収縮します。しかし、作られた笑顔は、口角は上がりますが、目の周りの筋肉は収縮しません。この本当の笑顔は、眼輪筋の動きを発見した研究者の名にちなんで**ドゥシェンヌ・スマイル**と呼ばれています。

ポイント④笑顔が始まる瞬間と終わる瞬間

本当の笑顔と比べて、作られた笑顔は突然表われ、突然消えます。この瞬間は、芸能人の方やアイドルの方の笑顔が参考になるでしょう。アイドルのみなさんは見た目上は見事なドゥシェンヌ・スマイルをしますが、この笑顔が突然消える場面を多々拝見します。本当の笑顔は、顔からゆっくりと消えていきます。

ポイント⑤スムーズ

本当の笑顔と比べて作られた笑顔は、笑顔ができるまでに時間がかかり、ぎこちなさが伴います。作られた笑顔の場合、笑顔が表われるプロセスで途中で停止し、笑顔の強度が調整されます。「本物の笑顔というのはどう見えるのだろうか？」と意識的に調整しようとするところにぎこちなさが表われるのです。

ポイント⑥ドゥシェンヌ・スマイルの強度の違い

眼輪筋の動きは、一般的には意図的には動かせないとされていますが、中には動かせる人もいます。作られたドゥシェンヌ・スマイルは、自然なドゥシェンヌ・スマイルに比べ、強すぎるきらいがあることがわかっています。簡単に言えば、「笑いすぎ」（に見える）という状況が起きるのです。

ポイント⑦シンクロ

本当の笑顔の場合、口角の引き上げが最大になるときと、目の周りの筋肉の収縮が最大になるときの2つの動きがシンクロします。作られた笑いの場合、口角が先に引き上がり、後からタイミングがズレて目の周りの筋肉が動く傾向があります。笑顔だけに限りませんが、作られた表情というものは、各表情筋の動きがシンクロしない、つまり同時に動かないのです。

これらのポイントを文字として見てしまうと、「うわ！　偽物と本物の笑顔を見抜くのにはこんなに観察しなくてはいけないポイントがあるの〜」という声が「嫌悪」の表情とともに聞こえてきそうですが、**愛想笑いと真実の笑いは、少し意識すればその違いは思いの外、簡単にわかります。**

要は、至極当たり前のことなのですが、自分がプレゼンしているとき、要所要所で相手の顔をしっかり見る、相手の反応をしっかり確認しながら、話を進めていくことが大切なのです。

でも、これって意識していないと意外に難しいんですよね。意識、意識、意識！　観察、観察、観察！　です。愛想笑いに気付くことは微表情を見抜くより、ずっと簡単です。

エクササイズ

やる気のない上司を巻き込む方法

ケース：あなたは新しいオーディオプレイヤーを商品化したいと思い、上司に相談しています。今までは社内の開発チームが主体となって製品開発をしてきましたが、今回は若手チームの大学の後輩男女200名の大学生から意見を聴取し、製品に反映させる開発プロジェクトを立ち上げたいと思っています。

そのために、毎週日曜日に大学生を集めてディスカッションを行ない、2ヶ月で学生の意見を集約し、その後1年以内に製品発売をしたいと上司に提案しました。あなたは、何とか上司を巻き込んでこのプロジェクトを始動させたいと考えています。プロジェクト内容を聞き終えた上司の反応は……。

上司「大変、面白い企画ですね」

問題：このプロジェクトに上司を巻き込むにはどんな対応をしますか？

解説：上司の左の口角が引き上げられています。これは**「軽蔑」**の微表情です。このケースで注目すべきポイントは、上司の言葉と微表情との不一致です。

上司は、言葉ではあなたの提案に対してポジティブな反応を示してくれていますが、微表情はネガティブです。微表情は抑制された感情の表われです。このことから上司の言葉は、その場を取り繕うためになされたもので、本当に「大変、面白い」と思っている可能性は低そうです。

それでは、上司があなたの提案に「軽蔑」を感じる理由は何でしょうか。可能性は様々に考えられます。例えば、「大学生の意見など聞いてもムダ」「そんなことで売れる商品が開発できるわけがない」「プロジェクトの詰めが甘い」このような解釈の可能性があります。

いずれにせよ、あなたの考えより自分の方が優位に感じている状態です。こうした場合、上司の優越感を刺激してみましょう。

「詰めの甘さがあるかも知れません。知恵をお貸しいただけませんか？」「どうすれば、一般の方たちの『欲しい』を理解することができますか？」「このプロジェクトをより良くするために、○○（上司の名前）さんのご意見をお聞かせ願えますか？」などといった問いかけをしてみましょう。

相手の感情をサポートするような問いかけをすることで、事態を好転させ、やる気のなかった人間をやる気にさせることができる可能性が高まります。

エクササイズ

「もう、その話お腹いっぱい」の空気をつかむ

ケース：あなたは、とある企画会議でプレゼンテーションをしています。プレゼン内容を話し終わり、質疑応答の時間となりました。

あなた「何かご質問ありますか？」

質問者「○○さん（あなたの名前）が示したデータですが、その数字はどこから持ってきたのですか？」

あなた「この数字は、アジア・アフリカバロメーターの質問票データ群を基に重回帰分析を試み、！“ ＃＄％＆‘（）……ということでございまして……」

質問者「……」

問題：質問者に対してどんなリアクションをしたらいいと思いますか？

解説：両方の口角は上がっていますが、目尻にしわができていません。これは**愛想笑い**です。経験上、質問の回答をしている場面で相手の顔に愛想笑いが浮かんだとき、以下のパターンが観察されることが多いように思われます。

回答者「＃＄％＆、（）……ということでございまして……（愛想笑いを確認）……詳細な説明をお望みですか？」

質問者「はい。大枠だけ理解できれば結構です」

相手に良い印象を与えるためになされた愛想笑いの場合、質問者は「はい、ぜひもっと詳しく教えてください」と反応する場合があります。

回答者「#$%&‘（）……ということでございまして……（愛想笑いを確認）……説明不足はございますか？」

質問者「大丈夫です」

もう質問に対する回答長すぎ！　という気持ちが「（あなたの話、お腹いっぱい、これ以上の説明は）大丈夫です」という心の声の表われだと思われます。

回答者「#$%&‘（）……ということでございまして……（愛想笑いを確認）……他にご質問はございますか？」

質問者「あります」

「（1つの回答に時間かけすぎて時間が押しているし、まだ質問したいこともあるし、今の質問の回答はもう結構。早く次の質問をさせて～まだ質問）あります」という質問者の心の声が聞こえてきそうです。

愛想笑いには色々な意味合いがあります。したがって、**相手の愛想笑いに気付いたら、少し立ち止まってみる、一方的な話をやめてみる、相手に話を振ってみる**、そんな気遣いが思いやりのあるコミュニケーションを実現させてくれるのです。

SCENE

3

微表情でウソの徴候をとらえる

ビジネスの現場では様々なウソが飛び交っています。そのウソを見抜くことができれば、どんなにライバルに対して優位に立てるだろう、どんなに社内の勢力図を明らかにすることができるだろう、詐欺や怪しい投資話にひっかからないで済むだろう、そんな考えが頭をよぎります。

本シーンでは、ビジネス上で交わされるウソの中でも、会社の生命線に関わる場面、すなわち会社にとって適切な人材を確保しなくてはならない採用面接・人事面接の場面に焦点を当て、**微表情とウソとの関係**について説明します。

採用面接、人事面接で適切な人材を見出す

「抑制された感情がフラッシュのように一瞬で表われては消え去る微細な顔の動きのこと」という微表情の定義を見て、一番に思いつかれた微表情の利用法は、おそらく「ウソを見抜く」ということではないでしょうか。確かに微表情をキャッチするスキルとウソを見抜くスキルとには関係があることがわかっています。

端的に言えば、**微表情をキャッチするスキルが高いほど、ウソを見抜く精度も高い**ということです。

しかし、微表情＝ウソの証拠、という図式が成り立つほど話は単純ではありません。それはどういうことでしょうか。順を追って説明します。

様々な研究からわかっていることは、ウソをついている者は真実を述べている者に比べ微表情を浮かべる傾向にある、ということです。中でもウソつきは**「罪悪感」「苦**

悩」**「嫌悪」「恐怖」「騙す喜び」「軽蔑」**の感情を感じ、それらが微表情となって顔に浮かび上がってくる傾向にあります。

また、唇を上下からプレスする動きもウソつきの表情に観察される傾向にあります。この動きはウソをでっち上げる際に生じる感情コントロールのシグナルとも、認知的な負担のシグナルだとも考えられています。

微表情が表われる頻度に関して調査した実験では、ウソつきの51％が0・5秒以下、30％が0・25秒以下の微表情を見せることがわかっています。

■ウソが生み出す様々な感情

それでは、採用面接でウソをつく応募者の感情状態を想像してみましょう。ウソをついて入社を企てている自分自身に対し、良心の呵責《かしゃく》を感じ「罪悪感」「苦悩」「(自己)嫌悪」を感じることがあり得ます。また、ウソがばれるのではないかと「恐怖」を感じることもあるでしょう。

逆にウソをついていることに興奮し、「幸福」を感じる応募者もいるかも知れません。こうした「幸福」の感情は、専門的には「騙す喜び」と呼ばれています。「軽蔑」

は、他者に対する優越感です。自分の巧みなウソが面接官をうまく丸め込めていることを応募者が実感している場合、「軽蔑」を感じるでしょう。もちろんこうした応募者の感情は、わかりやすく表情に表われてくることはありません。わかりやすい表情としてこうした感情が面接官の前であらわになれば、ウソをついていることがばれてしまうからです。したがって、こうした感情は抑制されます。しかし、抑制しきれない感情が微表情として応募者の顔に表われることがあるのです。

■ 正直者にも表われる微表情とは

ここまで読み進めると一見、微表情をキャッチさえできれば、応募者のウソを見抜けたも同然のような気がしてきます。しかし、**先のウソをつくときに生じる感情は、ウソをついていないのにもかかわらず起きる可能性がある**のです。

応募者が真実を話しているのに、面接官からウソを疑われている場面を想像してください。応募者は、ウソを疑われてしまっている自分に対し「罪悪感」を感じ、その場面に「苦悩」を感じ、ウソを疑っている面接官に対し「嫌悪」や「軽蔑」を感じるかも知れません。

冤罪が解消されないかも知れないことに「恐怖」を感じることもあるでしょう。ウソが疑われている状況で「騙す喜び」は生じ得ませんが、見た目上、それと差異のない「幸福」の笑顔は、ピンチに陥った自分を鼓舞するため、もしくは面接官に良い印象を与えるためになされるかも知れません。

ウソをついていなくても、ウソをついていると疑われていれば、平静を装うために感情は抑制されます。そして、抑制しきれない感情が微表情として応募者の顔に表われ得るのです。

いかがでしょうか。ウソをついているときでもウソをついていないときでも、同じ感情、同じ微表情が生じることがあるのです。ウソをついている者は真実を述べている者に比べ微表情を浮かべる傾向があることは確かです。しかし、ウソが疑われているからこそ生じる、言わば、正直者の微表情もあるのです。

■ ウソを見抜く質問のテクニック

それでは、微表情をキャッチするスキルを採用面接を始めとしたビジネスの場でどのように利用すれば良いのでしょうか。本気で他者のウソを見抜こうとすれば、微表情以外のボディーランゲージや声の調子といった非言語情報、言葉使いや論理整合性といった言語情報、さらにウソつきと正直者を峻別《しゅんべつ》しやすくする巧みな質問法などな ど、ウソ検知のテクニックを総動員しなければ、高い精度でウソを見抜くことはできません。

これらのテクニックを解説することは本書の趣旨を大きく超えてしまうので割愛します。代わりに本節では微表情という情報を効果的にフル活用するテクニックを紹介します。それはすなわち、

①疑っているという印象を与えない
②微表情を質問ポイントと考える

ということです。面接官が応募者に疑っている印象を与えない状態で、先の微表情が生じれば、それは面接官による圧迫以外の要因で微表情が表われていると考えることができます。

それでも応募者がウソをついていると断定することはできません。なぜなら応募者は慣れない面接という場に気が動転し、感情にブレを生じさせているだけかも知れないからです。

したがって、応募者の緊張を面接の最初の段階で解きほぐしておく必要があります。もし応募者に余計な圧迫を与えていない状態で、応募者の顔に微表情が生じたならば、応募者の言葉に表われている以上のこと、言外に何かあるのではないかと考えます。

つまり、**微表情の表われを質問ポイントと考える**のです。なぜ応募者の顔に微表情が浮かんだのかについて、整合的な解釈ができるかを質問を通じて明らかにしていくのです。

エクササイズ

微表情から小さなウソを見つけ出す

ケース：面接官のあなたは、あなたの所属する会社に応募してきた新卒の学生に「仕事をする上で大切なことは何ですか？」という質問をしています。

応募者「仕事をする上で私が思う大切なことは、行動力だと思います。学園祭での出来事です。頭の良いK君という仲間がいました。彼は、出店する出し物の是非、仕入先のこと、利益の出し方、とにかく何でも意見を言うのです。意見を言うこと自体は良いことなのですが、問題は、全く動かないということなのです。意見だけは言うけど、行動はしない。実際に身体を動かしてみなければ、アイディアを具現化する大変さはわからないのではないでしょうか」

面接官「アイディアを具現化するのには行動力が大切、なるほど、確かにそうですね。ところで、そのときK君についてどう思いましたか？　またK君に何か働きかけをしましたか？」

応募者「行動しないK君を見ていて、腹が立ってきました。だから、K君に行動してもらえるように働きかけました」

問題：この学生の行動特性や性格をより深く知るためにどんな質問をしますか？

解説：応募者の両眉が上がると同時に中央に引き寄せられ、目を見開いているのがわかります。目を見開き、眉間にしわが寄っていると表現した方がわかりやすいかも知れません。これは**「恐怖」の微表情です**。

応募者の「腹が立ってきました」という「怒り」の表明と表情が一致していません。微表情が表われた瞬間は、常に質問ポイントとなり得ますが、特に微表情と言葉とが一致していない瞬間は最も注意を要する質問ポイントとなります。**質問の仕方には、直接その感情について尋ねる直接法と感情の機能をサポートする間接法があります。**

直接法とは「そのとき何か不安を感じることはありましたか？」と面接官がキャッチした感情についてストレートに尋ねる方法です。

それに対して間接法とは、「人に意見を言うことや行動を促すことは勇気が要りますよね。どんなふうにK君に行動を促したのですか？」と尋ねる方法です。

間接法の感情の機能をサポートするとは、次のことを指します。「恐怖」の感情の機能は、「身体・精神の安全を確保する・危機を回避する」というものです。「勇気が要りますよね」という発言をすることで、面接官側が応募者の感情を代弁することになります。そうすることで、その応募者にどんなふうにその機能を果たしたかをより明確に答えやすくしてもらう手法なのです。

直接法も間接法もその根底に共通することは、本当は、その出来事に対して腹が立ったのではなく恐怖や不安を感じた、もしくは腹が立つよりも恐怖や不安の方を強く感じた可能性があると考え、応募者の感情傾向を正しく推定するということ。

応募者の「腹が立ってきた」という言葉を文字通りとらえ、会話を続けてしまうと、応募者の感情傾向を正しく見定められない可能性があります。さらに今回紹介した質問法を実践することで、応募者本人も気付いていなかった自分の感情傾向に気付かせてあげることもできます。

最後に、感情傾向から人物像を推定します。問題に対して「怒り」の感情を感じる人ならば、その問題を乗り越えるべき「壁」ととらえ、自身の力で問題を解決するパワーを秘めている人物像が推定できます。「恐怖」の感情を感じる人ならば、問題を脅威ととらえ、未来の類似問題の対処法を思いつけるポテンシャルを秘めている人物像だと推定できます。

微表情検知スキルによって面接官は応募者の内なる声を聞き、より正確な人物像を推定し、ときに応募者自身も気付いていない感情傾向や行動傾向を浮き彫りにさせることができるのです。

SCENE

4

人間関係の問題を解決するマネジメント術

学生時代は、気の合わない人を避けて生活することができます。

しかし、社会人となるとそうもいきません。気の合う人・合わない人を問わずうまく付き合っていく必要があります。さらに部下を持つ、チームを率いるリーダーになる、役職が上がる……となると気が合う・合わないを問わず、多種多様な人間関係の中で、人・組織をマネジメントしなくてはいけません。

部下を持った瞬間、様々な人の心に責任を持って接する必要が生じてきます。本シーンでは、**人の心をマネジメントする方法**を表情の世界から垣間見ていきましょう。

部下の表情から漏れ出る、ストレスの兆しを見逃さない

・部下からの突然の離職届
・優秀な部下が突然、転職したいと言い出した！
・何でも仕事をバリバリこなしてくれていた部下が突然、心の病に……

ご自身でもご自身の周りでも、こんな体験をしたことはありませんか？　仕事を「突然」辞められる、仕事を「突然」変えられる、仕事が「突然」できなくなる……。全部、「突然」ではありません。フラストレーションの蓄積や心にわだかまりのある状態は、その「突然」が起きる前に、**何度もヘルプシグナルとしてその本人から発せられていた可能性があります。**

そのヘルプシグナルや前兆が、例えば、キャリアステップや待遇面の不安や希望、

職場の人間関係などの悩みを相談するといった、わかりやすい形で示されれば、部下と上司の間で相互理解が深まります。そうすれば、先に挙げたようなマネジメントをしていく上での危機的な状況を回避できる可能性は高まるでしょう。

しかし、現実的には事あるごとに相談できるような時間的・精神的余裕が部下・上司ともないことが多いと思われます。

部下の視点に立てば、「こんなこと上司に相談していいのかな?」と躊躇してしまい、結局、「突然」が起きるまで溜め込んでしまう方もいるでしょう。上司の視点に立てば、「そんな大きな決断・問題になるなら、一言、相談してくれたらよかったのに」と思う方もいるでしょう。

部下・上司、双方ともに相談の按配、タイミングがつかめていないことが問題です。言わば、「相談をしたい・相談を聞きたい」の均衡点がズレてしまっているのです。

それでは相談の均衡点を見つけるにはどうしたらいいでしょうか。そうです、微表情を読みとるスキルを役立たせることができるのです。微表情は抑制された感情の表われですから、**ある状況で部下の顔に微表情が表われるということは、感情に抑えきれない波が生じるくらいの動揺が走っている状態**と言えます。

その動揺、感情のブレは、部下が仕事に慣れ自信をつけていく過程で解消されることもありますが、ずっと解消されずにフラストレーションとして蓄積されてしまうこともあります。いずれにしても、部下の微表情をキャッチしたら、その場でちょっとした気遣いをしてあげることで将来大きな問題に発展しかねない可能性を減らすことができるのです。

■ 心の病に通じる表情の特徴

特にここでは、心の病に焦点を絞って注意するべき微表情・表情ポイントを説明しようと思います。

心の病を表情から察知する方法は、様々な研究から見出されています。これまでの研究からわかっていることは、**「左右非対称」の表情、「鼻から上が動かない」表情、「悲しみ」「軽蔑」「嫌悪」の微表情が心の病と関連している**ということです。

しかし、これらの表情が観察されたからといって心の病だと即断するのは避けるべきです。まずは、表情を状況とともに考えることが大切なのです。それでは、それぞれの表情が表われる理由を1つひとつ見ていきましょう。

「左右非対称」の表情は、本心が顔に表われるのを防ごうとする結果、表われる表情です。端的に言えば、感情がコントロールされているときの表情のこと。脳の中で本当の感情とそれを出すまいとする制御機能が混線すると、表情筋が左右非対称に動き、左右非対称の表情が形成されます。部下が健康状態や未来の話をしているときに、「左右非対称」な表情で「大丈夫です！」とか「希望に満ち溢れています！」のような発言をしていたら、本心とは裏腹のことを言っている可能性があります。

「鼻から上が動かない」表情は、メッセージを伝える・受け止める意志の弱い表情、感情が死んでいる表情です。

会話をするとき、通常ならば、私たちの眉は動きます。会話のシグナルが起こるのが普通なのです。眉を上げ、話している語彙やフレーズを強調したり、眉を下げ、不同意を示したりします。メッセージを伝えたり、受け止めたりするとき、私たちは無意識に眉を動かすのです。

しかし、それがないということは**メッセージを伝えたり受け止めたりする意志が弱まっている**ことを意味します。最悪の場合、感情が死んでしまっている場合も考えられるでしょう。部下の顔に表情がないとき、特に口は動くが眉が動かない、そんな表情を見たとき、その部下の心は大きな闇に覆われようとしている可能性があります。

■「悲しみ」「軽蔑」「嫌悪」――見逃していませんか？

「悲しみ」の微表情は、自殺の意図を隠していたある人がニコニコ顔で、「凄く調子が良いです！」と言っていたときに見せた表情です。ニコニコ顔で自らの苦悩を隠そうとはしても、隠しきれない苦悩が「悲しみ」の微表情として表われたのです。

大きな悩みを抱えたり、自殺を一度でもほのめかしたりしていた人物が、ある日突然、元気を取り戻したように見えたときには注意が必要です。言葉では「もう大丈夫！」と言っていても「悲しみ」の微表情が見られたら、まだその悩みは解決されていない可能性が濃厚です。

「軽蔑」「嫌悪」の微表情は、病院の診察室で医師からアドバイスを受けている心の病を持つある患者の顔から見られた表情です。注意としては、「軽蔑」「嫌悪」の微表情自体が心の病を示しているわけではないということ。**「軽蔑」「嫌悪」を示す患者は、そうした感情を示さない患者に比べ、心の病が治りにくい**ことがわかっています。その理由は、医師のアドバイスに従う意思がないからです。

医師が様々な治療法のアドバイスや今後の治療に向けた提案をしても、医師の指示を真剣に受け止めない患者は「軽蔑」を、受け入れたくない患者は「嫌悪」を示す傾向にあるのです。こうした表情を浮かべる患者は、医師の医学的見地からのアドバイスに従うことなく、自分流に生きようとします。

結局、その心の病は治ることがないのです。何か問題を抱えている部下にアドバイスをするとき、部下の顔に「軽蔑」や「嫌悪」の微表情が浮かんだら、そのアドバイスは部下の心には刺さっていない可能性が高いでしょう。

最後にもう一度、注意喚起させてください。これまで紹介してきた「左右非対称」の表情、「鼻から上が動かない」表情、「悲しみ」「軽蔑」「嫌悪」の微表情ですが、**こうした表情を見た瞬間に部下を心の病であると決めつけるのはいけません**。こうした表情を部下の顔からキャッチしたならば、それを部下の抱えきれないストレスの兆しだと考え、その部下の動向をいつもより注意して観察するという姿勢が適当です。

「ジャパニーズスマイル」が「スマイル」ではない理由

ここまでは、万国共通の表情の話題について説明してきましたが、ここではアジア人、特に日本人に特徴的な表情について説明したいと思います。一般的に私たち日本人は、**どうしたらいいかわからない困惑した状況に直面したり、ネガティブな感情が沸々と湧き上がってきたりしたとき、愛想笑いで誤魔化す傾向があります。**これは、人との調和や和を重んじるゆえであると考えられています。

この現象を上司と部下という関係で考えてみましょう。上司に理不尽なことで叱られていると部下が感じているとします。こうした場合、部下がアメリカ人ならば、その部下は「怒り」の表情を示し、上司が理不尽な理由を述べ、堂々と自己の正当性を主張するでしょう。

しかし、日本人の場合、理不尽だと思いつつも、本音の「怒り」の感情をあらわにして、上司に楯突くことはしません。愛想笑いで場を繕い、その場を乗り切った方が良いと考える人が大半ではないでしょうか。こうした文化や特定集団によって適当であると思われている暗黙的な表情表出のルールを**表示規則**と呼びます。

実はこの表示規則の存在がゆえに、表情は文化によって異なって見えるのです。感情がストレートに表われるとすれば、どんな文化圏に属する人でも「怒り」を感じれば、同じ「怒り」の表情を顔に示します。しかし、表示規則が働くことで、「怒り」の表情が弱まったり、一瞬の表情、微表情として表われたり、他の表情に置き換えられたりするのです。こうした理由で、同じような状況でも表情の反応が異なって見えるのです。

それでは、表示規則が働くとき、私たち日本人の顔にはどのような「幸福」の表情が生じるのでしょうか。「幸福」の表情と別の表情が混合するパターンは次の3つです。

①ネガティブな感情を隠すために「幸福」の表情がなされるパターン
②ネガティブな感情と「幸福」の感情がともに生じているパターン
③ネガティブな感情を自分で鼓舞するために「幸福」の表情がなされるパターン

この中で表示規則が関わってくるのは、①のパターンです。それでは、それぞれ説明していきます。

■ウソの「幸福」は「軽蔑」の証

①のパターンはいわゆる愛想笑いと呼ばれるものです。表示規則によって繕われた笑顔、ウソの笑顔です。例えば、上司が自画自賛しているアイディアを聞いている部下が、そのアイディアにある大きな欠陥に気付くとします。部下は、アイディアの欠陥に気付かない上司に対して「軽蔑」の感情を抱きます。上司の思考に対して、その部下は優越感を感じているのです。

しかし、この上司は自分の考えを否定されるのが大嫌いであることを、部下は知っています。したがって、そのアイディアに意見することができません。そんな部下の思いとは裏腹に、上司は自分のアイディアの凄さを語っています。そんなとき、部下の表情には「軽蔑」の微表情が浮かびます。「軽蔑」の感情を抑えようとした結果です。しかし、「軽蔑」の抑制だけでは上司に何か悟られるかも知れません。

そこで「軽蔑」の感情を誤魔化すために、**「軽蔑」の微表情を「幸福」の表情で覆い隠す**のです。これで「軽蔑」の微表情＋「幸福」の表情の完成です。この「幸福」の表情は、心の奥底から湧き出てくる「幸福」の感情ではありません。心にもないウソの「幸福」の感情を「幸福」の表情で繕っているのです。

■本物の「幸福」に潜む優越感

②のパターンは本当の「幸福」の感情の表われです。

①と同じケースで考えてみましょう。上司が自分のアイディアを自画自賛している様子を部下は見ています。部下は心の中でこう考えます。「うちの上司は幼いな〜。どうしてそんなありきたりなアイディアを大手を振って賛美するのだろうか？　でも、そんな無邪気な上司はチャーミングだな」と心の中で感じているとします。そんなとき、部下の顔には「軽蔑」の微表情と「幸福」の表情が同時に浮かぶでしょう。

「軽蔑」の微表情の原因は、上司をバカにする感情を表情に出すわけにはいかない、という心情です。「幸福」の表情の原因は、チャーミングな上司で微笑ましい、という心情の表われです。つまり、①のパターンとは異なり、②のパターンの場合に表われた「幸福」の表情は、本物の「幸福」の感情なのです。

■感情を自らコントロールするとき

③のパターンは①と②との中間に属します。専門的には、自己調整機能としての笑顔と言います。

①と同じケースで考えてみましょう。自分のアイディアを自画自賛する上司に対して、部下は最初に「軽蔑」の感情を覚えるとします。

「軽蔑」というネガティブな感情を持つ自分を、ポジティブな感情を持つ自分に切り替えようと「幸福」の表情を作ります。このプロセスは通常、無意識に行なわれます。愛想笑いから本当の「幸福」の表情になることもあれば、愛想笑いのままである場合もあります。

このネガティブな感情をポジティブな感情に切り替えようとすることを、**感情の自己調整機能**と言います。ネガティブな感情状態にいるのが耐えられないため、ポジティブな表情を作り、ポジティブな感情状態になろうとする機能のことです。みなさんの周りに、「怒られているのに笑っている人」はいませんか？　こうした人が、自己調整機能としての笑顔をする人の典型です。興味深いことに感情というものは、**楽しいから笑うという方向だけでなく、笑うから楽しくなる、という方向もある**ことがわかっているのです。表情を作ると感情が生まれるという現象は、表情フィードバック仮説と呼ばれ、感情理論の重要な仮説の1つとして知られています。

■ウソの笑顔はこうやって見抜く！

それでは、これらの3パターンはどう見抜けばいいのでしょうか。正確にこれらの違いを見抜くのは難しい場合が多々ありますが、①②のパターンは、すでに説明した愛想笑いと真の笑顔の指標から判断することができます。

②のパターンのように、ネガティブな感情と心から湧き出てきた真の「幸福」の感情が一緒に表われたとしたら、真の笑顔の指標を見て取ることができます。①のパターンには、真の笑顔の指標がありません。

③のパターンは、見た目上は愛想笑いの場合もあれば、真の笑顔の場合もありますが、本来ならばネガティブな感情が表出されるような状況において、「笑顔」が見られるならば、③のパターンと考えるのが妥当です。

エクササイズ

その仕事、本当に任せてしまって大丈夫!?

ケース：あなたは上野さんの上司です。部下の上野さんに仕事を任せようとしています。彼女は、「この仕事は、私に任せてください」と張り切っている様子です。

あなた「このレポートを明日までにまとめておいてください」

上野さん「この仕事は、私に任せてください」

問題：彼女にどんな言葉をかけておいた方が良さそうでしょうか？

解説：両眉が引き上がり、同時に中央に寄っています。さらに目を見開き、下まぶたには力が入れられています。印象としては、目の周りに緊張が走っている様子が感じられますね。これは**「恐怖」の微表情**です。

自信ありげな言葉とは裏腹に、上野さんの顔には「恐怖」の微表情が浮かんでいます。何に対する「恐怖」でしょうか。このケースでは、仕事の内容面に対する「恐怖」と形式面に対する「恐怖」の2つの可能性があります。

内容面だとすると、「その仕事をこなす能力が自分にあるかどうか不安である」「期限内に終わるかどうか不安である」このような可能性が考えられます。形式面だとすると、「どのように仕上げれば良いのだろうか、パワーポイントを使えばいいのか、ワードか」「この仕事は全体の仕事の流れのどこに位置するのだろうか」ということに不安を抱いている可能性があるでしょう。したがって、**内容面及び形式面に関してサポートしてあげられるような言葉をかけるのがベターです。**

「誰かヘルプつけましょうか？　それともこのレポートを仕上げる手順を一緒に確認しておきましょうか？」などと確認をすると良いでしょう。もしくは「不安そうな顔をしていますが、1人で進められますか？」のように直接聞くのも良いでしょう。

よくある回答として「何かあったら言ってくださいね」というものがあります。しかしこれだけで済ませてしまうと、遠慮がちな部下や気を遣いすぎる傾向にある部下だと、不安を抱えながらも大丈夫なフリをして仕事をしてしまいます。

最悪の場合、期限に間に合わない、全く完成レベルに到達しないレポートを作成してしまう、といった修正困難な状況になってしまうことがあります。何らかの言葉をかけてあげる必要を感じとったならば、できるだけ具体的な言葉をかけてあげるべきでしょう。

エクササイズ

笑顔に隠されたネガティブな感情を見抜く

問題：本問題はケーススタディーの形式ではなく、「様々なネガティブ表情」＋「愛想笑い」の表情を読み解く形式で挑戦していただきたいと思います。次に挙げるそれぞれの愛想笑いのスキマには、どんな表情が隠れているでしょうか？

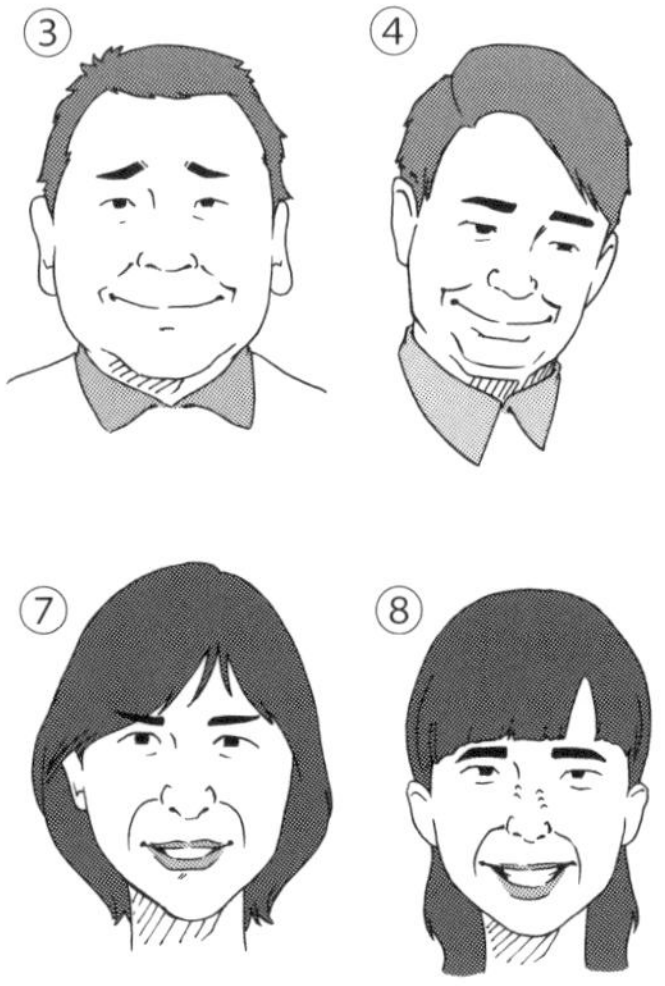

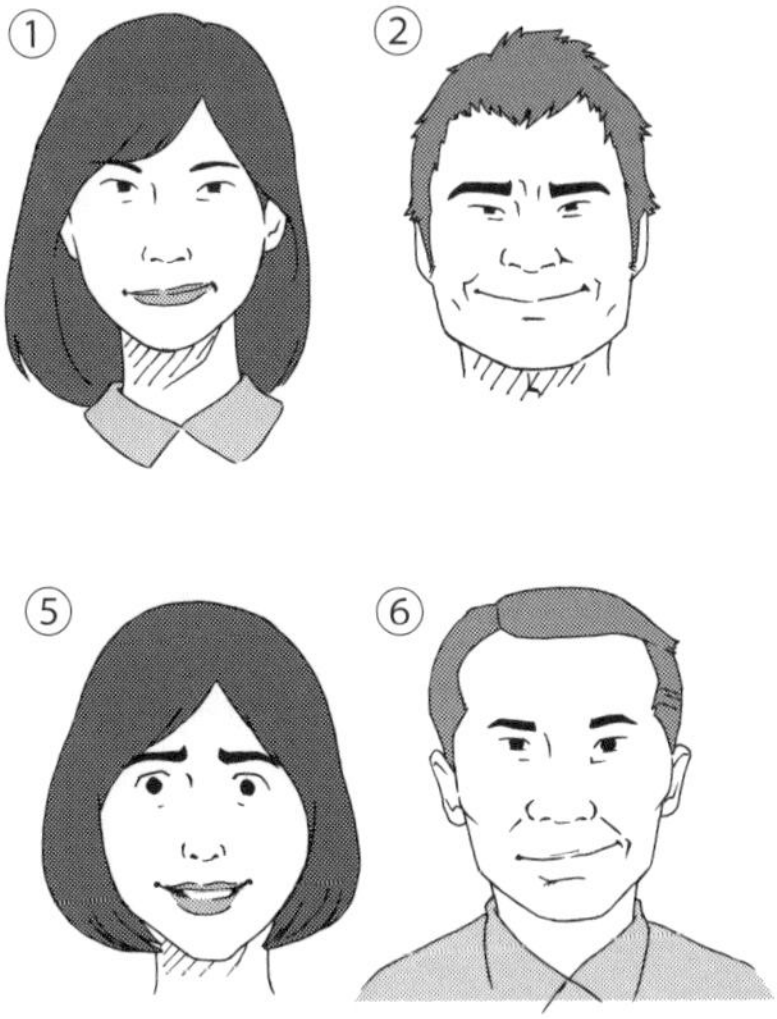

解説：それでは各表情について解説します。

①は**「軽蔑」＋「愛想笑い」**です。左の口角が右に比べて高く引き上げられているのがわかると思います。これは「軽蔑」の特徴です。

②は**「怒り」＋「愛想笑い」**です。眉に力が入り、唇が上下からプレスされているのがわかると思います。これらは「怒り」の特徴です。

③は**「悲しみ」＋「愛想笑い」**です。眉の内側が引き上げられています。これは「悲しみ」の特徴です。

④は**「羞恥」**です。ひっかけ問題でした。これまで紹介してきた基本の7表情以外の表情です。「羞恥」の表情の特徴は、「視線が下を向く」＋「頭が下がる」＋「口角が上がる」＋「唇に力が入る」というものです。

⑤は**「恐怖」＋「愛想笑い」**です。眉が引き上がり、中央に引き寄せられます。また目を見開き、下まぶたに力が入っています。これらは「恐怖」の表情の特徴です。

⑥は**「軽蔑」＋「愛想笑い」**です。左の口角が右に比べて高く引き上げられているのがわかると思います。これは「軽蔑」の特徴です。

⑦は**「嫌悪」＋「愛想笑い」**です。鼻の周りにしわが寄っています。僅かに眉が下がっています。これは「嫌悪」の表情の特徴です。

⑧も**「嫌悪」＋「愛想笑い」**です。こちらも鼻の周りにしわが寄っているのがおわかりでしょう。眉も僅かに下がっているのがわかります。

SCENE

5

日常生活に潜む感情の〝危険信号〟をとらえる

親しき中にも礼儀あり。

親しき中にも遠慮あり、と言い換えた方が適切かも知れません。家族、恋人、親友……等々、いくら気心の知れた間柄とは言え、ストレートに自分の感情を表に出すことがためらわれることがあります。

逆に、そうした間柄だからこそ自分の内面を相手に知られたくない場合もあります。しかしそんなときに、お互いの関係や感情を隠した本人に危機的状況の影が迫りつつあることがあるのです。相手のプライバシーを侵害しないように、どのように大切な人間関係を維持することができるのでしょうか？

本シーンでは、**夫婦・恋人関係などの親密な人間関係や親子・大人と子どもの関係に起こり得る危機的状況をおさめるヒント**を微表情の世界からご紹介します。

夫婦、恋人とのケンカでの「この表情」が危ない！

夫婦や恋人とのケンカ。どんなに愛し合っている2人であっても、ときにいさかいを起こしてしまうのはなかなか避けられません。ケンカをすることは気分のいいものではありませんが、それを乗り越えることで以前より2人の絆が強くなり、ケンカの原因となった問題の解決の糸口が生み出されることもあると思います。

しかし場合によって事態はさらなる悪化を見せ、離婚や恋人関係の解消にまで発展してしまうこともあります。それでは、どんなケンカが「普通」で、どんなケンカが離婚や恋人関係の解消にまで至る「危険性」を孕《はら》んでいるのでしょうか。

夫婦関係や結婚生活の研究で著名なジョン・ゴットマン博士は、**夫婦ゲンカの際に「軽蔑（特に男性）」や「嫌悪（特に女性）」の表情（微表情に限りません）が観察されると、**

4年後には90%の夫婦が離婚することを調査によって実証しています。

夫婦ゲンカの際に見られる感情には、離婚につながるどんな謎が含まれているのでしょうか。ゴットマン博士は、**夫婦ゲンカのときに配偶者が「怒り」を見せても安全**だと言います。「怒り」を見せることは激しい感情を表出する一形態にすぎないため、ケンカという状況においてそれは「普通」の行為だと考えられるからです。

しかし、相手を見下す感情である「軽蔑」や相手を拒絶する感情である「嫌悪」は、愛情にとって必要不可欠な肯定的感情や、思いやりの感情を阻害してしまい、離婚を予測する指標になると説明しています。

婚姻状態とは何かと問われれば、十人十色の答えがあると思われますが、互いを絶妙な均衡で尊敬し合う関係性であるということに異論はないと思います。そして相手を思いやる気持ちが自分本位の自我というものを中和してくれるものです。愛情とは何かと問われれば、究極の「受け入れ」だと思います。

例えば、「キス」という行為で考えてみましょう。他者の舌が自分の口に入ってくるなんて想像するだけで「嫌悪」感が生じます。しかし、愛する人の行為なら受け入れることができます。「嫌悪」は拒絶感ですが、愛情がその拒絶を受容に変えるのではないでしょうか。離婚とは、「軽蔑」によってお互いに感じる敬意の均衡状態が崩れ、「嫌悪」によって受容が拒絶に変わる、そのような現象なのではないでしょうか。

ゴットマン博士のこの調査は、夫婦間の観察ですが、この感情のロジック――「軽蔑」の感情がお互いを敬うバランス関係を崩し、「嫌悪」の感情が受容を拒絶に変える――とその帰結――関係性の崩壊――は、夫婦間だけでなく恋人関係はもちろんのこと、あらゆる人々の関係性にまで当てはめて考えることができそうです。

■集団の中の危険信号

事実、「軽蔑」や「嫌悪」が関係性を破壊する危険信号であることを示唆する次のような観察結果があります。

ある集団のリーダーが、群衆の前で敵対する別の集団に批判的なスピーチをしているとします。このとき、リーダーの顔に浮かぶ「怒り」「軽蔑」「嫌悪」という表情のコンビネーションは、暴動やテロといった集団的暴力の引き金として機能する、ということがわかっています。このリーダーによってなされた表情のコンビネーションによって、なぜ群衆が集団的暴力という具体的な行動に駆り立てられるのか、ということに関してはまだ明確にはわかっていません。

しかし、「怒り」「軽蔑」「嫌悪」がそれぞれ持つメッセージ、「攻撃性」「道徳的な優越感」「排除」が群衆の心に無意識に刷り込まれ、直接的な行動の下地を形成するのではないかと考えられています。

■よく見るだけでも愛情は伝わる

それでは、離婚や別れ、暴力行為といった関係性崩壊を未然に防ぐにはどうすればいいのでしょうか。もちろん関係性が壊れる要因となるものは複雑に絡み合い、単純な解決法といったものはありません。しかし、表情学からは以下の2段構えのアプローチをお勧めします。

1つ目は、**普段から相手の表情をよく見る**、ということです。そうすれば、相手の感情の変化、表情のクセがよくわかるようになり、相手の気持ちの変化に敏感になれます。相手の気持ちの変化を察することができれば、その場で適切な言動をとれる可能性が高まります。さらに愛する人が自分をよく見てくれているという状態は、自分の存在を認めてくれているということを意味し、気持ちの良いものです。相手の表情に普段から気を配るだけで、争いが起きにくい状態を維持できるでしょう。

2つ目は、**ケンカの際に相手の顔に浮かぶ「軽蔑」や「嫌悪」の表情に要注意**、ということです。ケンカのときに「軽蔑」「嫌悪」が相手の顔に表われたら、相手の言い分をまず受け入れましょう。それがどんなに理不尽でもまずは受け入れるのです。そして謝罪します。

いかに正当なものであろうと、ここで自己の主張を通してしまったら、コミュニケーションは断絶してしまいます。そうすれば2人の関係に傷がついたままとなり、関係性崩壊へのカウントダウンが始まってしまいます。

表情、微表情を適切にキャッチすることで、人間関係の未来を予測し、両者が望む将来を作り上げることができるのです。

子どもの将来を微表情から読む

私は学生時代から大学院卒業後も合わせて10年間ほど、学習塾や予備校で中学生から大人までの幅広い年齢層を対象に、英語を教えていた経験があります。その中で出会った印象的な中学生の話を紹介しようと思います。

その子に勉強を教えていたときのことです。テストの解答ミスを見つけたのでそれを指摘しました。そのとき、その子の表情には「怒り」の顔が一瞬だけ表われて消え去ったのです。そう、「怒り」の微表情です。ミスを犯してしまったときのような恥ずかしい場面では、羞恥心を感じるのが普通です。しかし、彼は「怒り」の反応を示したのです。

この子の精神世界には何があるのでしょうか。ある研究から考えてみたいと思います。

■ミスへの反応でわかる、子どもの性格のタイプ

子どもの性格と表情との関係を調査した研究があります。この調査では、様々な性格を持つ子どもたちに面接官と対面式のテストをしてもらい、そのときの子どもの表情を分析しました。12歳から13歳の70人の子どもが対象の調査です。実施された対面式のテストでは、子どもは問題に答えた直後に正解・不正解を面接官から告げられます。

不正解だった場合、その子が解答ミスに対してどんな感情を持つか、どんな表情で反応するかに焦点が当てられ観察されました。調査の結果、解答ミスを指摘された直後の反応は、子どもの性格によって如実に異なるということがわかりました。

性格に偏りのない普通の子どもは「羞恥」の表情を示す傾向にある一方、注意欠陥・多動傾向・攻撃的・反社会的性格特性を持つ子どもは**「怒り」**の表情を示す傾向にあることがわかったのです。また、**過度の不安や恐怖・心身症状・抑うつ性格特性を持つ子どもは「恐怖」の表情を示す傾向にある**こともわかりました。

こうしたミスに対して「怒り」や「恐怖」の表情をすることにはどんな問題がある

のでしょうか。1つは、他者に与える印象に影響を及ぼし、人間関係に軋轢《あつれき》が生じやすくなることが想定されます。もう1つは、妥当な問題解決の方向に自分を持っていけなくなる可能性があります。

ミスに対し「怒り」や「恐怖」の表情を見せる子どもは他者にどのような印象を与えるのでしょうか。

自分のミスに対して「羞恥」の表情をとる人は、他者から好感を持たれ、同情心を集め、社会的に受け入れられる傾向にあることがわかっています。しかし、「羞恥」の表情をとらない人は、これらとは逆の反応を他者から受ける傾向にあることが様々な研究によって証明されているのです。

ミスに対し「怒り」の表情を示していた私の教え子のケースで考えてみます。確かにその子は忘れ物が多く、授業中、落ち着きがなく、乱暴な面がありました。注意欠陥・多動傾向・攻撃的・反社会的性格特性をその子は持っていた可能性があります。

また、自分のミスに対して「怒り」の表情を示し続ける状況がどこかで改善されない限り、この性格特性は持続され、いつの日か、社会的につまはじきにされる事態になり得るのではないかということが危惧されます。

2つ目の、妥当な問題解決の方向に自分を持っていけない、とはどういうことでしょうか。これは感情の機能に関わる話です。それぞれの感情は物事をうまく運んでいくためにそれぞれに対応した機能を持っています。

例えば、**「羞恥」の感情の機能は、謝罪や自己像の修正**です。「羞恥」を感じた人は、謝罪の気持ちを表明しようとしたり、失敗してしまった自分を立て直すために努力しようとする行動に向かおうとするのです。今回のケースで考えると、解答ミスに対して「羞恥」を感じた子どもは、次は間違えないようにしようと気を付けるようになるのです。

一方で、**「怒り」の機能は、目的到達を阻む障害の除去で、「恐怖」の機能は、脅威の回避**です。

解答ミスに対して「怒り」を感じるならば、ミスそのものやミスを指摘されたことを、その子は「障害」と考え、それを取り除こうとします。その子にとっての目的とは、誰にも邪魔されずに、問題を解き終えることだと考えられます。順調にそのプロセスを遂行しているときにミスを指摘されると、それを目的到達を阻む「障害」と考え、なきものにしようとするのです。

通常、問題を解く作業においてミスが発見されたならば、それを修正することが自分の成長につながるため、ミスを障害ととらえることはしません。ミスを障害ととらえるその性向は、自分が成長するチャンスを失うことにつながるのです。

「恐怖」の場合は「怒り」より少し複雑です。ミスを脅威ととらえることで、ミスを回避しようとするのです。それが積極的に機能すれば、ミスを避けるためにどういった解決策、予防策があるだろうという行動に向かう場合もあります。

しかし、消極的に機能すれば、ミスを回避しようとするだけで、ミスそのものから目を逸らしてしまう場合があります。経験上の予想ですが、ミスに対して「恐怖」を感じる子どもは、大人のアシストなしに積極的な行動に向かうことは稀なような気がします。

このように、ミスに対して「怒り」や「恐怖」の表情を浮かべる、「怒り」や「恐怖」を感じる、ということは、自分を成長させてくれるチャンスを逸してしまうことに通じるのです。

■感情のサポートが子どもの未来を救う

ここで、問題の深度ということにも触れておかなくてはいけません。本節では、「羞恥」の表情、「怒り」の表情という表現を使ってきました。微表情は？　と思われたスルドイ方もいらっしゃったと思います。

結論を先に言うならば、**普通の表情よりも微表情の方が問題は深刻**です。通常、子どもは大人に比べて感情を抑制する度合いは少なく、ネガティブな感情を感じても、抑制されず、もしくは抑制しきれずに、わかりやすい表情となって顔に表われてきます。したがって、子どもの表情変化は発見しやすいのです。

しかし、それが微表情として表われる場合、大人に自分のフラストレーションを悟られまいとする心の表われや、子ども自身がそうした感情に無自覚である可能性が考えられます。そうした意味で子どもの微表情は、危険信号と考え、対応に慎重を期する必要があるのです。

それでは、最後にミスに対して様々な感情変化を見せる子どもたちに対して解決策をいくつか提案したいと思います。解決策を端的に言うならば、**感情の機能をサポー**

トしてあげる、という方法があります。

「羞恥」は、自己像の修正に向かうため、修正させてあげるチャンスを与えることが大切です。例えば、ミスした問題の解説をしてあげたり、ミスの原因を子ども自身に発見してもらったりした後、同じレベルの問題に挑戦してもらいます。そして、正解してもらってから「よくできたね！」と褒めることで自己像の修正が完了します。

「怒り」の場合は、障害を排除しようとする行動に向かうため、ミスは障害ではないのだよ、障害ではなく成長のチャンスになるのだよ、ということを語りかけてくださ い。このことを子どもに納得してもらうためには長期的な説得が必要かも知れませんが。

「恐怖」は、脅威の回避に向かいます。ですので、先のミスをした問題よりも簡単な問題から徐々に正解してもらい、最終的にはミスをした問題と同レベルの問題に正解してもらうように方向づけることで、ミスを回避するのではなく、克服できる、回避するにしても積極的な方法ができるのだ、ということを、子どもに伝えることができます。

エクササイズ

動き始めた離婚時計

ケース：あなたと、あなたの妻が子どもの教育について話し合っています。あなたの妻は息子を私立の小学校に通わせたいと考えていますが、あなたは公立で十分だと考えています。お互いの意見が食い違い、ケンカに発展してしまいました。

妻「あなた、息子を私立の小学校に通わせたいの。早慶小学校に通わせれば、大学までエスカレータだし、就職だって有利だわ」

あなた「公立で十分じゃないか。勉強だけできたってろくな大人にならない。それに就職まで安泰だなんてどうしてわかる？」

妻「勉強はできた方が良いじゃない。それに安泰だなんて言ってないわよ、『有利』って言ったのよ」

問題：妻の反応から、あなたが取った方が良いと思われる行動は何でしょうか？

解説：あなたの表情からは、左の口角が上がっているのがわかります。これは**「軽蔑」**の微表情です。2つ目のセリフの妻の表情からは、鼻の周りのしわ、すなわち、ホウレイ線のしわが釣鐘《つりがね》型に盛り上がり、上唇が引き上げられているのがわかります。これは**「嫌悪」**の微表情です。「軽蔑」や「嫌悪」は排除を意味する感情であり、継続中のコミュニケーションを断絶させる機能を持ちます。

もちろん、こうした1回きりの「軽蔑」「嫌悪」の微表情の表われをもって関係性の崩壊が起きるわけではありませんが、こうした感情状態が継続されることで、離婚へのカウントダウンが始まってしまいます。

したがって、夫婦生活を維持していきたいのならば、妻に謝罪をし、歩み寄りの姿勢を見せる、妻に対して敬意の念を再び呼び起こすことが大切です。例えば、「ごめん、ごめん。じゃあ、ちょっと学校の資料を見せてくれないかい？　一緒に検討しよう」などと言い、コミュニケーションを継続させることが重要です。

第 4 章

感情を読む力が、人生を成功に導く

微表情がみるみる読めるようになる3つの習慣

本節では、微表情読みとりスキルを身に付けるための3つの方法を紹介したいと思います。微表情を読みとるスキルを身に付けるには、次の3つがあります。

手法その1　人の表情を意識的に観察する
手法その2　テレビをミュートで観る
手法その3　専用の微表情検知トレーニングツールを利用する

お手軽な方法から本格的なトレーニングまで、それぞれの説明を参考にお気に入りの方法を試してみてください。

■手法その1　人の表情を意識的に観察する

人の表情に日々、注意する。興味を持って見る。全ての始まりはここです。人のきめ細やかな感情変化に気付けるようになりたいのなら、人の目や顔を見ないで会話をしていてはいけません。パソコンや携帯の画面を見ながら、会話をするのもダメです。人の表情に興味を持って観察するようになると、**今までは無視していた顔の動きに多くの情報が込められていることに気付ける**でしょう。会話の最中はもちろんのこと、街を歩きながら、電車に乗りながら、人々の顔を観察してみましょう。

街行く人々は、どんな表情をして歩いているでしょうか。何か問題を抱えていそうですか。良いことがあったのでしょうか。携帯電話で話している人は、どんな表情で話していますか。難しい話でしょうか。電話の相手は、恋人でしょうか、上司でしょうか。メールをどんな表情で見つめていますか。嬉しい知らせでしょうか。不安な知らせでしょうか。本や新聞をどんな表情で読んでいますか。どんなジャンルの本でしょうか。どんな記事の内容でしょうか。このようなことに意識的になることで、人の表情変化に敏感に反応できるようになります。

■手法その2　テレビをミュートで観る

テレビの音を消して登場人物の微表情を観察してみましょう。オススメはニュース番組です。ニュース番組のキャスターは表情の変化が大きくないので、微表情を読みとるトレーニングにはとても良い教材となります。

ニュース番組のキャスターの微表情を観て、次の話題が良い話題か、悪い話題か、推測してみましょう。この手法は、手法その1の欠点を埋めてくれます。

手法その1では、人の表情から感情を推察する素養を高めることはできます。しかし、観察している人物にアプローチして実際にその人の感情を確かめてみないと、自分の推察が正しかったかどうかがわかりません。

この欠点を補うのが、手法その2です。この手法では、キャスターの表情変化の後にニュースが流れるので、自分の推測が合っていたかどうかを確かめることができます。

テレビの音をミュートにしないで、微表情から感情を推察する手法もあります。討論番組などで意見を述べている人物の微表情から、その人が次に発する言葉を推察してみましょう。

ある人物の意見に対する肯定意見でしょうか、反対意見でしょうか。意見が変わる瞬間がわかるでしょうか。納得しているでしょうか。登場人物の微表情を色々推察しながら、議論の終着点を予想してみるのもいいでしょう。

■手法その3　専用の微表情検知トレーニングツールを利用する

3つの手法の中で一番、本格的かつ確実なものです。微表情を検知するスキルを高めるのに特化した動画教材を用いて、セルフスタディーをします。アメリカ、ヨーロッパ、日本の会社が微表情検知トレーニングのための専用ツールを販売しています。それぞれの会社が販売しているツールの共通点を紹介します。

映像の中の人物が見せる様々な微表情を観て、その人物がどんな表情をしたかを判断します。表情の判断は選択式となっており、正解か不正解かが、すぐにわかるようになっています。

こうした微表情検知専用のトレーニング教材の学習効果を測定した研究によると、**1時間の集中的な映像トレーニングをするだけで、微表情検知力が向上することがわ**

かっているのです。

ある学習者の学習前の微表情検知正解率は40%でした。それが、1時間のトレーニング後、正解率が80%まで向上したのです。さらにこの効果は、2～3週間維持されることがわかっています。

この研究から、微表情検知専用のトレーニング教材を用いて、2～3週間に1時間のトレーニングを継続すれば、微表情検知スキルは維持されることが予想されます。

コミュニケーションが楽になる！「空気を読む」3つの奥義

それでは、微表情で「空気を読む」3つの奥義と題しまして、その手法を紹介します。その前に、改めて「空気を読む」ということをはっきりさせておきたいと思います。「空気を読む」とはどういうことでしょうか。具体的にはどのように読んでいけばいいのでしょうか。

本節では、微表情から隠された感情をキャッチし、相手の心に響く行動をとれるようになるプロセスを「見える化」します。

■「空気を読む」とは？

私は、「空気を読む」を次のように定義しています。

「他者の意識・無意識下にある言語・非言語メッセージを正しく読み解き、状況・場にあった適切な行動をとれること」

「他者の意識・無意識下にある言語・非言語メッセージ」とは、意識・無意識を問わず、他者が言葉やボディーランゲージから発している本心のことです。

言葉の例としては、こんなものがあります。机の上が散らかっている同僚に「机の上、汚いな〜」と言うとします。この言葉の本心は「もっと整理整頓しなさい」ということでしょう。間接的な物言いから本当に伝えたいことを相手に悟ってもらう、以心伝心と呼ばれるものです。

ちなみに、以心伝心は英語ではテレパシーと訳されます。こうした間接的な物言いで日々、成り立っている日本人のコミュニケーションを、欧米人の方たちは超能力のようなものだと思っているのですね。

ボディーランゲージには、表情、身体動作から発せられるメッセージ（首を縦・横に振る、顔に触れる、胸をさする、貧乏ゆすりをする、腕・足を組む、等々）、姿勢、声などが含まれます。そして抑制された感情は、意識・無意識を問わず、「微表情」として顔に表われます。実はこの身体動作バージョンもあり、「微動作」として身体に表われることが知られています。

それでは、これらの言語・非言語メッセージを「正しく読み解く」とはどういうことでしょうか。ここが「空気を読む」ということの根幹に関わる最も大切なポイントです。

「正しく読み解く」とは「相手の感情から心を推察する」ということです。これは2つのステップに分解できます。

最初のステップは「感情を読む」ことです。

例えば、微表情から相手の感情を読みとったとします。この段階では、相手の抑制された感情を特定することができます。「幸福」なのか「軽蔑」なのか「嫌悪」なのか……いずれの感情かがわかります。しかし、相手の感情を特定できたとしても、「なぜ相手にその感情が湧き起こったのか？」「その感情がどこ・誰に向けられているのか？」までは知ることができません。

そこで次のステップに進みます。次のステップは「心を推察する」です。読みとった微表情やその他の情報を材料に、その感情の原因や感情の矛先を推察します。

最後に「状況・場にあった適切な行動をとれること」についてご説明します。

コミュニケーションにおいては、相手の言語・非言語メッセージを正しく読み解くことによって初めて、何が適切な行動なのかを考えることができるのです。

例えば、相手が自分に対してイライラを隠していることがわかれば、謝罪という行動をとることができます。相手が「悲しみ」を感じていれば、助けの手を差し伸べてあげることができるでしょう。相手がウソをついていることから自己嫌悪を抱いていることがわかれば、反省を促し、本心を話すように会話を進めることができるかも知れません。

こうした一連のプロセスを私は「空気を読む」ことだと考えています。

さて、この**プロセスの中で最も大切で難しいのが「正しく読み解く」の中の「心を推察する」というところです。**「空気を読む」には、この「心を推察する」がほぼ全てだと言ってもいいくらい大事なこととなります。「心を推察する」ことが「空気を読む」奥義だと言ってもいいのです。

■「心を推察する」ための、たった3つの奥義

それでは、「空気を読む」のコアとなる「心を推察する」奥義をご紹介したいと思います。その手法は、大きく分けて3つあります。

奥義その1　微表情から読みとった感情を相手に直接聞く
奥義その2　感情の機能をサポートするような言葉をかける
奥義その3　視線の向き・言葉・微表情を合わせて考える

1つひとつご紹介します。

■奥義その1　微表情から読みとった感情を相手に直接聞く

これが一番簡単な手法です。例えば、「恐怖」の微表情を浮かべた人に対して「何が不安なのですか？」と、自分が読みとった感情の原因・理由を相手に直接聞いてみるのです。

この手法は、キャッチした微表情に直感的に働きかけることができるため、簡単に使うことができます。しかし、相手のプライバシーに直に立ち入ることにもなりかねないため、使うときには注意が必要です。

■奥義その2　感情の機能をサポートするような言葉をかける

相手の感情をサポートするようなリアクションをすることで、相手の本心を聞ける可能性を高めてくれます。この手法、実は第3章のエクササイズで、すでに行なってきたことです。相手の表情の反応からその感情の原因を仮定し、それを刺激したり、感情の機能をサポートしたりすることから相手の次の反応を観る手法です。

例えば、週末のオフィスで新入社員2人が会話している場面を想像してください。明日の休みの予定について話している場面です。

この会社は新入社員に入社後、直近の英語力を証明するスコアの提出を求めています。新入社員は、期日までに会社に英語力を示す証明書を提出しなくてはなりません。期日が迫ってきており、Bは明日、会社でTOEIC（英語の試験の1つ）を受験するようです。

A「明日の土曜日は何をする予定？」
B「TOEICの試験受ける予定なんだよ」

この会話をしているとき、Bの顔に「嫌悪」の微表情が浮かびました。「嫌悪」の機能は、「不快なモノを排除する」ことです。「不快なモノ」＝「休みが試験でつぶれること」だと仮定します。この仮定のもとBに「不快なモノを排除する」という機能をサポートするように会話を投げかけます。

例えば、

「土曜日の代わりに来週水曜日も受けられるよ」
「2年以内にTOEICを受験していたら、そのスコアでも有効だって人事が言っていたよ」

というような返しをします。

もしBが、

「マジ!?　明日の休みつぶさなくて済んだ！　教えてくれて、ありがとう！」

という反応をすれば、先の仮説が正しかったことがわかります。心の推察がうまくいったわけです。

しかし、もしBが、

「へぇ〜そうなの」

というそっけない返答をしたとすれば、「不快なモノ」は「休みが試験でつぶれること」ではなく、他に原因がありそうだということになります。

Bの心を知るには、**他の仮説を設定し、会話を続けること**です。この手法、何のことはない、私たちが相手の表情さえ読みとれていれば、普段、無意識にしていることです。それが微表情になると、途端にできなくなってしまうだけなのです。

感情の機能について表にまとめました。心の推察が必要なときにぜひ参考にしてみてください。

感情の機能と相手へのアプローチ例

感情	感情の機能	相手の表情を見たときのアプローチ例
幸福	モチベーションの誘発	モチベーションを刺激する
軽蔑	優越感の主張	優越感を刺激する
嫌悪	不快なモノ・人・言動の排除	不快なモノをどける
怒り	障害の除去	障害となっているモノをどける
悲しみ	失ったモノや人の回復、助けを求める	助けの手を差し伸べる
恐怖	脅威の回避、平穏状態の回復	安心させる
驚き	情報検索	情報を与える

■奥義その3　視線の向き・言葉・微表情を合わせて考える

基本的に、感情は視線と同じ方向に向かいます。また、下に向かう視線は、感情が自己に向かっていることを意味します。

例えば、話し相手が「軽蔑」の微表情を浮かべるとしましょう。視線がみなさんに向けられていれば、みなさんに対して「軽蔑」を感じている可能性が高く、視線が下に向かっていれば、話し相手自身に対する「軽蔑」、すなわち「自己卑下」や「罪悪感」を意味する可能性が高いと考えられます。

ただし、自身の本心を隠そうとうつむき加減になり、その状態で微表情が表われる場合もあります。この場合、視線は下に向かいますが、感情の矛先は自分自身ではなく違うところに向いている可能性があり、解釈には注意が必要です。

逆に、話し相手の視線がみなさんに向けられているのに、感情は話し相手自身に向けられていることもあります。こんな実例があります。

某アイドルの握手会の会場にて、

ファンの方「応援しています！　頑張ってください！」

某アイドル「（握手をしながら）頑張ります」

という1コマがありました。

このとき、アイドルの表情を分析すると、彼女が「頑張ります」の「頑」という言葉を発するときに「嫌悪」の微表情が出ていました。

ファンの方からの「頑張って！」というエールではなく、自らの「頑張る」という発言の前に「嫌悪」の微表情が出ているところがポイントです。

発言のタイミングからアイドルの彼女は、ファンの方の発言に対してではなく、自己の発言に嫌悪を抱いていると解釈することができます。ファンの声援に有難さを感じるものの、すでに頑張っている自分に対し、（まだまだこれからも）頑張ります、と言わざるを得ない心苦しさに自己嫌悪を抱いている、そんな彼女の心理が推察されます。

彼女の視線はファンの方に向いていましたが、感情の矛先は彼女自身だと言えるでしょう。

これはどういうことかと言うと、**言葉と表情との「タイミング」&「ズレ」を考慮に入れる必要がある**ということです。言葉の前後に表われる表情が、その言葉に関連した感情です。話し相手が言葉を発する前に、ある表情を見せるとします。通常、その表情が話し手の本心に関連する感情です。感情の方が言葉の前に反応し、顔に出るのです。

また、肯定的な言葉と否定的な表情が同時に表われたとき、逆に、否定的な言葉と肯定的な表情が同時に表われたとき、信頼すべきは表情の方です。表情、特に微表情は意図的にコントロールできないため、通常、表情の方が本心を示します。言葉と表情がズレているときは、表情に信頼をおいた方がいいでしょう。

以上、これが微表情で「空気を読む」3つの奥義です。**「微表情から読みとった感情を相手に直接聞く」「感情の機能をサポートするような言葉をかける」「視線の向き・言葉・微表情を合わせて考える」**をそれぞれ単独で使ったり、組み合わせて使ったりしながら、日々、空気感を「見える化」する意識を持ってみてください。これまでとは異なった多彩な感情世界を垣間見ることができますよ。

感情は一瞬で把握できても、心の決めつけは慎重に

初めて知り合う方に、表情分析の専門家として自己紹介をすると、「人の心が読めるのですか？」「私の心を読んでください」と言われることが多々あります。こうした反応は、「心は顔に書いてある」という信念にもとづいているのだと思われます。本書をここまでお読みいただいたみなさんならば重々ご承知のことと思われますが、これは誤解です。

それでは、いったい表情を読むことから何ができるのでしょうか。**人の表情を読むことからできること、それは「人の感情を読む」ということです**。微表情という現象に合わせた言い方をすれば、一瞬の表情から相手の抑制された感情を読む、ということができるのです。

感情を読むことと心を読むことは何が違うのでしょうか。例えば、話し相手が一瞬

だけ鼻にしわを寄せるとします。これは「嫌悪」の微表情です。その相手が「嫌悪」感を感じていることは確かです。

しかし、その「嫌悪」感が何をきっかけに生じているのかは厳密にはわかりません。お昼に食べた脂っこいものが気持ち悪くて、たまたまこの会話のタイミングで「嫌悪」が顔に出てしまったのかも知れません。自分の発言に対する「嫌悪」、つまり、自分の発言にある何らかの後ろめたさが「自己嫌悪」として顔に表われたのかも知れません。こちらの発言に相手が同意をしていない、不同意を示す「嫌悪」なのかも知れません。

したがって、どんなに微表情の読みとりスキルに優れていたとしても、人の心――なぜその感情が生じたのか？――までを瞬時に把握することはできないのです。

結局、**表情から感情を読みとり、感情から心に迫るという手順が確立していないと目の前の相手の本心を見抜くことはできません。**そうであるから、前節の「空気を読む」３つの奥義が大切なのです。

前節の3つの奥義を用いることで、相手の心を、ヤマ勘よりも高い精度で推察することができます。しかし、それでもなお、相手の心を確実な方法で読みとることはできません。それだけ私たちの心は多彩で、個人差に富み、予期せぬ変異が起き、科学では解明しきれない部分が満載だということです。本書でこれまで紹介してきた様々な現象や方法論は、科学的知見にもとづいているものです。

では、本書の方法論、すなわち科学的方法論が通用しない場合、どうすればいいのでしょうか。そうです、そうしたところに経験則が活きてきます。

科学的知見というメガネを通して、人の心がつかめないのなら、それを思い切って外してください。これまで学んできた知識を一旦、脇に置き、自分の心に聞いてみてください。相手の心に自分の心を重ねてみてください。相手を思いやってください。相手を分析的に観るのではなく、相手の置かれている立場を包み込むように見つめてみてください。そうすれば、相手の心がわかるかも知れません。

それでも、相手の心がわからないこともあるでしょう。成功しようとも成功しなくても、人の心を理解しようとする大理想に日々、心を向けていく。そんな姿勢が「人の心を覗き込む」という猜疑《さいぎ》的な態度から「人の心を思いやる」という優しい心へと私たちを変えてくれるのではないでしょうか。

「空気を読みすぎる」から身を守るために

微表情を読みとることによって、相手の心の中を即座に読みとれるわけではないにしても、相手の感情を直に感知してしまうということにある種の心苦しさを感じてしまう場合もあるかも知れません。

そこで本節では、「空気を読みすぎる」から身を守るために、と題して、微表情を読みとる能力を得た方たちに対する処方箋、もしくはこれから本格的に得ようと考えている方たちへの心構えを、私の体験を交えて取り組みやすい順番にお伝えします。

■ ①自分なりのスイッチを持つ

微表情の読みとりスキルが一定のレベルを超えると、他者の表情に集中していなくても他者の微表情が自動的に目に入って来る状態になります。日々どのくらいの数の人々と顔を突き合わせてコミュニケーションをしているかは人によりますが、1日に出会う微表情の数は膨大になるでしょう。

キャッチしたその膨大な微表情に敏感に反応し、なぜ微表情が表われたのかについて1つひとつ考えを巡らせていては、神経が擦り切れてしまうでしょう。したがって、私がオススメする方法は、**微表情に注意し、微表情の表われた原因を解釈する場面を予め決めておく**、というものです。

「よし！　今日のセールスでは微表情に注目しよう」「あの人と話すとき、微表情を解釈してみよう」「あの話題について話しているときだけ！　微表情を注意してみよう」というように、微表情に反応し、解釈する場面、自分なりのスイッチを持つのがオススメです。

■ ②自分に向けられている微表情とは限らないと考えてみる

人というものは面白いもので、目の前で人の目を見て話している、話を聞いている人でさえ、自分の世界に入り込んでしまっているときがあります。つまり、話されている内容とは全く関係のない世界に入り込み、全く関係のないことを考えていることがあるのです。

そのような場合、その人の顔に微表情が浮かんだとしても、そこで交わされている会話とは全く関係のない微表情です。したがって、その微表情は一見、会話の相手に向けられているように思えても、全然関係のないところに向けられているのです。

「思い出し笑い」などがその典型的な例です。真面目な話をしている状況で、面白い記憶が突然、込み上げて来ることがあります。そのようなときニタニタするのは奇異に映るでしょう。

そこで面白いと思う感情を押し止めようとするのですが、抑えきれず、微表情として顔に表われます。こうした「思い出し笑い」は、会話の内容と関係なく、会話相手に向けられている微表情ではありません。

また、その場の会話と関係のある微表情でも会話の相手に向けられているとは限りません。例えば、ある人とビジネスのアイディアを交換しているとします。あなたのアイディアがその人の新たな着想になり、その人はあなたの話を聞いているように思えても、頭の中では自分のアイディア構築でいっぱいになっている場合があります。

奇抜なアイディアを思い付いた自分に得意になり、「これで周りをあっと言わせるゾ」と意気込み、「軽蔑」の微表情を浮かべるかも知れません。

しかし、これはあなたに向けられている微表情ではなく、その場にいない第三者に向けられている微表情です。したがって、会話をしている相手の顔に微表情が浮かんだとしても、その微表情は自分に向けられているとは限らない、ということです。

■ ③相手の自尊心を尊重する

大抵の場合、人は自分のことが可愛いもの。それは自尊心と呼ばれ、人間にはかかせない心の機能です。

誰もが自尊心を持っていて、自分を大切に思えるからこそ、嫌なことを言われても、様々な批判を受けても、数々の辛い出来事を体験しても、それらを乗り越え、前に突き進んでいけるのだと思います。

あなたの言葉やアドバイスを聞いた人が、口では「素敵なアドバイスをありがとうございます」と言いつつも、「軽蔑」や「嫌悪」の微表情を浮かべていたとします。微表情がそのアドバイスを聞き入れたくないと示していても、大きな気持ちで相手の感情、自尊心を受け入れてあげられるようになってください。

■ ④大きな力には責任が伴うことを知る

私の好きな言葉に"With great power comes great responsibility."というのがあります。「大きな力には大きな責任が伴う」という意味です。普通の人がほとんど気付くことができない微表情をキャッチできるということは、凄いことです。大きな力を手に入れたに等しいと言っても過言ではありません。

この力の用い方を間違えれば、人に不信感を与えてしまったり、逆に不信感を抱いてしまったりする恐れがあります。典型的な例は、微表情からウソを見抜く、という行為です。微表情検知法と質問法を工夫することで、かなりの精度でウソを見抜けるようになるでしょう。

しかし、誰のどんなウソを見抜きますか。ウソには、ウソをついている相手を傷つけないためになされるウソがあります。そうしたウソまで見抜いてしまったら、相手の優しさを反故《ほご》にしてしまうばかりか、知らなければ心を乱されることもなかった厳しい真実に直面しなくてはいけない事態となってしまいます。

微表情検知力という大きな力をいつ・どんなときに・誰に対して使うか、使用者にはその使用法に大きな責任が伴うのです。

偉大な力を持つ人間的な器があるのか、厳しい現実を受け入れる器があるのかが問われてくるのです。その答えがＹｅｓならば、Ｙｅｓの方向性に持っていく自信があるならば、微表情を読みとるスキルに磨きをかけ続け、良きコミュニケーションライフを送っていただきたいと思います。

おわりに

微表情をメインテーマにした書籍は、日本では本書が初なのではないでしょうか。微表情という新しい概念を軸にコミュニケーションの方法論を紹介するというチャレンジングな試みだと感じています。こうした試みの背景に私がとても大切にしている想いを込めました。その想いとは、ズバリ！

「科学と経験のハイブリッド」です。

書店に所せましと並ぶ心理学系の書籍の大半は、専門家向けに専門家が書いた難解なものか、一般読者向けにマナー講師やアナウンサー、敏腕マネージャー、元トップセールスの営業マンの方たちが自身の経験をもとに書いたソフトなものかの2ジャンルに大別できると思います。もちろん、両者の書籍が多くの貢献を世に残していること

とに異論はありません。しかし、一読者としてこうした書籍を読みながらずっと思っていることがあります。それは、

「もっと、もっと実用的にならないだろうか」

ということです。

もちろん、それぞれの書籍には想定読者がいて、執筆の目的があるため、私の直観的な批判は読者によっては全くの見当外れの場合があります。私が心理学系の書籍に求める新たなジャンルは、**「安心して使える書籍」**です。

こうした観点から考えると、専門家向けの本は、記述内容は正確だけど現実世界でどこまで使えるのだろう、記述内容をどう現実世界に適用させれば良いのだろう、と感じることがあります。

一方、ビジネス経験者によって書かれた本は、それぞれの記述内容がどこまで一般化でき、どこまで科学的に証明された事実なのだろうかと感じます。

そこで「科学と経験のハイブリッド」を軸に「安心して使える書籍」を目標に本書

を執筆しました。具体的には、科学的に裏付けの取れている知見を土台に、日常・ビジネスで得られた経験を載せて紹介するという方法です。こうすることで、難解な科学理論が現実世界でどう使えるのかがわかります。

また、根本が科学なので、本書で紹介した方法論は、誰が、いつ、どこで使っても、一定の同じ効果が期待できます。さらに図解を入れ、文字で伝わりにくいところを表現しました。また問題演習を通じて、日常・ビジネス場面で微表情の知見を使うプロセスを「見える化」できるように努めました。

どこまで私の理想が体現できたかは、読者のみなさんの微表情を覗かせていただかなければわかりません。しかし、少しでも本書を通じて、読者のみなさんのコミュニケーション能力の向上、人間関係の円滑化に貢献できていれば本望です。

最後になりましたが、私が代表を務めさせていただいている株式会社空気を読むを科学する研究所を、設立前から支えてくださっている、株式会社 Indigo Blue 代表取締役会長の柴田励司さま、代表取締役社長の寺川尚人さま、そして Indigo Blue の社員のみなさまに深く感謝いたします。表情のモデルにご協力いただいた株式会社Biz Actors Company所属の役者のみなさま、ありがとうございました。日常・ビジネスにおける様々な表情の疑問・体験談を投げかけてくださる弊社開催セミナー・コースの受講生のみなさまに感謝いたします。そして、こんなチャレンジングな本書の執筆を提案し、私の文体や伝え方をわかりやすくするためにアドバイスや編集をしてくださった飛鳥新社の花島絵里奈さまに厚く御礼申し上げます。

2016年6月　自宅の書斎にて　清水建二

参考文献

『感情心理学』鈴木直人（編）（2007）朝倉書店

『しぐさと表情の心理分析』工藤力（著）（1999）福村出版

『日本人の感情世界』工藤力 / ディビッド・マツモト（著）（1996）誠信書房

『研究用日本人表情刺激の作成とその臨床的適用』木村あやの（著）（2013）風間書房

『人はなぜ恥ずかしがるのか』菅原健介（著）（1998）サイエンス社

『心脳マーケティング』ジェラルド・ザルトマン（著） 藤川佳則／阿久津聡（訳）（2005）ダイヤモンド社

『結婚生活を成功させる七つの原則』ジョン・M・ゴットマン / ナン・シルバー（著）松浦秀明（訳）（2007）第三文明社

『ボディートーク　世界の身ぶり辞典』デズモンド・モリス（著）東山安子（訳）（1999）三省堂

『表情分析入門』ポール・エクマン / ウォラス・フリーセン（著）工藤力（訳編）（1987）誠信書房

『日米ボディートーク　身振り・表情・しぐさの辞典』ローラ・フォード／東山安子（編著）（2003）三省堂

英語参考文献

Boucher, J. D., & Brandt, M. E.（1981）. Judgment of emotion: American and Malay antecedents. *Journal of Cross-Cultural Psychology*, 12（3）, pp.272-283.

Brabdt, M. E., & Boucher, J. D.（1985）. Concepts of depression in emotion lexicons of eight cultures. *International Journal of Intercultural Relations*, 10, pp.321-346.

Carrere, S.; Buehlman, K. T., Gottman, J. M., Coan, J. A., & Ruckstuhl, L.（2000）. "Predicting marital stability and divorce in newlywed couples". *Journal of*

Family Psychology 14（1）, pp. 42–58.
Castelfranchi, C., & Poggi, I.（1990）. Blushing as discourse : Was Darwin wrong ? In W. R. Crozier（Ed.）, *Shyness and embarrassment* : *Perspective from social psychology*. Cambridge : Cambridge University Press. pp. 230-251.
DePaulo, B. M., Lindsay, J. J., Malone, B. E., Muhlenbruck, L., Charlton, K., & Cooper, H.（2003）. Cues to deception. *Psychological Bulletin*, 129, pp. 74-118.
Duchenne, B.（1990）. *The mechanism of human facial expression or an electro-physiological analysis of the emotions*（A. Cuthbertson, Trans.）New York: Cambridge University Press.（オリジナルは1862年に出版）
Darwin, C.（1998）. *The expression of the emotions in man and animals*. New York: Oxford University Press.（オリジナルは1872年に出版）
Efron, D.（1968）. *Gesture and Environment*. King's Crown, New York.
Eisenberg, Nancy; Fabes, Richard A.; Miller, Paul A.; Fultz, Jim; Shell, Rita; Mathy, Robin M.; Reno, Ray R.（1989）. Relation of sympathy and personal distress to prosocial behavior: A multimethod study. *Journal of Personality and Social Psychology*, 57, pp. 55-66.
Ekman, P.（1972）. Universals and Cultural Differences in Facial Expressions of Emotions. In Cole, J.（Ed.）, *Nebraska Symposium on Motivation* , pp. 207-282. Lincoln, NB: University of Nebraska Press.
Ekman, P.（Ed.）.（1973）. *Darwin and facial expression; a century of research in review*. New York: Academic Press.
Ekman, P.（1979）. About brows: Emotional and conversational signals. In M. von Cranach, K. Foppa, W. Lepenies, & D. Ploog（Eds.）, *Human Ethology*. Cambridge: Cambridge University Press, pp. 169- 248.
Ekman, P.（1980）. Asymmetry in facial expression. *Science*, 209, pp. 833-834.
Ekman, P.（1985）. *Telling lies: Clues to deceit in the marketplace, marriage, and politics*. New York: Norton.

Ekman, P. (1990) . Duchenne and facial expression of emotion. In Cuthbertson, R. A. (Ed. and Transl.) , *The Mechanism of Human Facial Expression*, pp. 270-284. Cambridge: Cambridge University Press.

Ekman, P., (2003) . Darwin, Deception, and Facial Expression. In Ekman, P., Campos, J. J., Davidson, R. J., & de Waal, F. B. M. (Eds.), *Emotions inside out*: 130 years after Darwin's: The expression of the emotions in man and animals , pp. 205-221. New York, NY: New York Academy of Sciences.

Ekman, P. (2003) . *Emotions revealed: Recognizing faces and feelings to improve communication and emotional life*. New York: Times Books (US) . London: Weidenfeld & Nicolson (world) .

Ekman, P. (2004) Emotional and conversational nonverbal signals. In: Larrazabal, M., Miranda, L. (Eds.) , *Language, knowledge, and representation*, Kluwer Academic Publishers, Netherlands. pp. 39-50.

Ekman, Paul, and W. V. Friesen (1969) . Nonverbal leakage and clues to deception. *Psychiatry,* 32, pp. 88-195.

Ekman, P. & Friesen, W. V. (1969) . The repertoire or nonverbal behavior: categories, origins, usage, and coding. *Semiotica*, 1, pp. 49-98.

Ekman, P., & Friesen, W. V. (1971) . Constants across culture in the face and emotion. *Journal of Personality and Social Psychology*, 17, pp. 124-129.

Ekman, P., & Friesen, W. V. (1974) . Nonverbal behavior and psychopathology. In R. J. Friedman & M. Katz (Eds.) , *The psychology of depression: Contemporary theory and research* , pp. 3-31. Washington, D. C.: Winston and Sons.

Ekman, P., Friesen, W. V., & Ellsworth, P. (1972) . *Emotion in the human face*: Guide lines for research and an integration of findings. New York: Pergamon Press.

Ekman, P., & Friesen, W.V. (1982) . Felt, false, and miserable smiles. *Journal of Nonverbal Behavior*, 6 (4) , pp. 238-252.

Ekman P., Friesen W. V., & Hager, J. C.（2002）. *Facial action coding system: a technique for the measurement of facial movement*. Consulting Psychologists Press, Palo Alto, CA.

Ekman, P., Friesen, W.V., & Hager, J.C.（2002）. *Facial Action Coding System*：*Investigator's Guide*. Consulting Psychologists Press, Palo Alto, CA.

Ekman, P., Roper, G., & Hager, J. C.（1980）. Deliberate facial movement. *Child Development*, 51, pp. 886–891.

Ekman, P., Sorenson, E. R., & Friesen, W. V.（1969）. Pancultural elements in facial displays of emotion. *Science*, 164（3875）, pp. 86-88.

Ekman, P., Hager, J.C., & Friesen, W.V.（1981）. The symmetry of emotional and deliberate facial actions. *Psychophysiology*, 18（2）, pp. 101-106.

Elfenbein, H. A., Foo, M. D., White, J. B., Tan, H. H, & Aik, V. C.（2007）. Reading your counterpart: The benefit of emotion recognition accuracy for effectiveness in negotiation *Journal of Nonverbal Behavior*, 31, pp. 205-223.

Feinberg M, Willer R, & Keltner D（2011）. Flustered and faithful: Embarrassment as a signal of prosociality. *Journal of Personality and Social Psychology*

Frank, M. G. & Ekman, P.（1997）. The Ability to Detect Deceit Generalizes Across Different Types of High-Stake Lies. *Journal of Personality and Social Psychology*, 72（6）, pp. 1429-1439.

Frank, M.G., Hurley, C.M., Kang, S., Pazian, M., & Ekman, P.（2011）. Detecting deception in high stakes situation: I. *The face*. Manuscript under review.

Frijda, N. H.（1986）. *The emotions*. New York: Cambridge University Press.

Haggard, E. A., & Isaacs, K. S.（1966）. Micro-momentary facial expressions as indicators of ego mechanisms in psychotherapy. In L. A. Gottschalk & A. H. Auerbach（Eds.）, *Methods of Research in Psychotherapy*, pp. 154-165. New York: Appleton-Century-Crofts.

Hess, U., Adams, R. B., Simard, A., Stevenson, M. T., & Kleck, R. E.（2012）.

Smiling and sad wrinkles: Age-related changes in the face and the perception of emotions and intentions. *Journal of Experimental Social Psychology*, 48, pp. 1377-1380.

Hess, U., & Kleck, R. E. (1990) . Differentiating emotion elicited and deliberate emotional facial expressions. *European Journal of Social Psychology*, 20, pp. 369–385.

Izard, C. E. (1971) . *The face of emotion*. East Norwalk, CT: Appleton-Century-Crofts.

Izard, CE. (1977) . *Human Emotions*. New York: Plenum

Keltner D. (1995) . The signs of appeasement: Evidence for the distinct displays of embarrassment, amusement, and shame. *Journal of Personality and Social Psychology*, 68, pp. 441-454.

Keltner, D. (1996) . Evidence for the Distinctness of Embarrassment, Shame, and Guilt: A Study of Recalled Antecedents and Facial Expressions of Emotion. *Cognition and Emotion*, 10 (2) , pp. 155-172.

Keltner, D., & Haidt, J. (2001) . Social functions of emotions at four levels of analysis. In W. G. Parrott (Ed.) , *Emotions in social psychology*. Philadelphia : Psychology Press. pp. 175-184.

Keltner D, Moffitt TE, Stouthamer-Loeber M. (1995) . Facial expressions of emotion and psychopathology in adolescent boys. *Journal of Abnormal Psychology*, 104, pp. 644-652.

Lazarus, R. (1991) . *Emotion and adaptation*. New York: Oxford University Press.

Levenson, R. W., Ekman, P., & Friesen, W. V. (1990) . Voluntary facial action generates emotion-specific autonomic nervous system activity. *Psychophysiology*, 27, pp. 363–384.

Matsumoto, D., Mark G., F., & Hyi S, H. (Eds) . (2013) . *Nonverbal Communication : Science and Applications.*

Matsumoto, D. & Hwang, H. S. (2011) . Evidence for training the ability to read microexpressions of emotion. *Motivation and Emotion*, 35 (2) , pp. 181-191.

Matsumoto, D., Hwang, H. S., Harrington, N., Olsen, R., & King, M. (2011) . Facial behaviors and emotional reactions in consumer research. *Acta de Investigacion Psicologica* (Psychological Research Records) , 1 (3) , pp. 441-453

Matsumoto, D., Hwang, H.S., Skinner, L., & Frank, M. G. (2011) . Evaluating Truthfulness and Detecting Deception: New Tools to Aid Investigators. *FBI Law Enforcement Bulletin*, 80, pp. 1-8.

Matsumoto, D., & Willingham, B. (2009) . Spontaneous facial expressions of emotion of congenitally and non-congenitally blind individuals. *Journal of Personality and Social Psychology*, 96 (1) , pp. 1-10.

Mauro, R., Sato, K., & Tucker, J. (1992) . The role of appraisal in human emotions: A cross-cultural study. *Journal of Personality and Social Psychology*, 62 (2) , pp.301-317.

Michael Lewis (ed) , Jeannette M. Haviland-Jones (ed) , Lisa Feldman Barrett (ed) . (2010) *Handbook of Emotions*, Guilford Pr; 3 Reprint

Michelle N, Shiota, Belinda Campos, & Dacher Keltner. (2003) . The Faces of Positive Emotion Prototype Displays of Awe, Amusement, and Pride. *Ann. N.Y. Acad. Sci.* 1000: pp. 296–299.

Miller, R. S. (2001) . Shyness and embarrassment compared : Siblings in the service of social evaluation. In W. R. Crozier, & L. E. Alden (Eds.) , *International handbook of social anxiety : Concepts, research and interventions relating to the self and shyness.* New York : John Wiley & Sons. pp. 281-300.

Mosher, D. L. (1979) . The meaning and measurement of guilt. In C. E. Izard (Ed.) , *Emotions in personality and psychopathology*. New York : Plenum Press. pp. 105-129.

M.Yuki, W.W.Maddux, and T.Masuda, “Are the Windows to the Soul the Same in the East and West? Cultural Differences in Using the Eyes and Mouth as Cues to Recognize Emotions in Japan and the United States," *Journal of Experimental Social Psychology*, 43 (2006) , pp. 303-11

Oster, H. (2005) . The repertoire of infant facial expressions: An ontogenetic perspective. In J. Nadel & D. Muir (Eds.) , *Emotional development*, pp. 261-292. New York: Oxford University Press.

Porter, S., & ten Brinke, L. (2008) . Reading between the lies: Identifying concealed and falsified emotions in universal facial expressions. *Psychological Science*, 19 (5) , pp. 508-514.

Rosenstein, D. & Oster, H. (1988) . Differential Facial Responses to Four Basic Tastes in Newborns. *Child Development* Vol. 59, No. 6, pp. 1555-1568.

Roseman, I. J., Dhawan, N., Rettek, S. I., & Naidu, R. K. (1995) . Cultural differences and cross-cultural similarities in appraisals and emotional responses. *Journal of Cross-Cultural Psychology*, 26 (1) , pp.23-48.

Scherer, K. R. (1997) . Profiles of emotion-antecedent appraisal: Testing theoretical predictions across cultures. *Cognition & Emotion*, 11 (2) ,pp.113-150.

Scherer, K. R. (1997) . The role of culture in emotion-antecedent appraisal. *Journal of Personality & Social Psychology*, 73 (4) , pp.902-922.

Scherer, K. R., & Wallbott, H. (1994) . Evidence for universality and cultural variation of differential emotion response-patterning. *Journal of Personality & Social Psychology*, 66 (2) , pp.310–328.

S. D. Gunnery, J. A. Hall, and M. A. Ruben. (2013) . "The Deliberate Duchenne Smile: Individual Differences in Expressive Control," *Journal of Nonverbal Behavior*, vol. 37, no. 1.

Shichuan Du, Yong Tao, & Aleix M. Martinez. (2014) . PNAS Plus: Compound facial expressions of emotion *PNAS* 2014 111 (15) E1454-E1462; published ahead of print March 31, 2014,

Trangney, J. P. (1995) . Shame and guilt in interpersonal relationships. In J. P.

Tangney, & K. W. Fisher (Eds.), *Self-conscious emotions : The psychology of shame, guilt, embarrassment, and pride*. New York : Guilford Press. pp. 114-139.

Tangney, J. P., Miller, R., Flicker, L., & Barlow, D. H. (1996). Are shame, guilt, and embarrassment distinct emotions? *Journal of Personality and Social Psychology*, 70, pp. 1256-1269.

Tomkins, S. S. (1962). *Affect, imagery, and consciousness* (Vol. 1: The positive affects). New York: Springer.

Tomkins, S. S. (1963). *Affect, imagery, and consciousness* (Vol. 2: The negative affects). New York: Springer.

Tomkins, S. S., & McCarter, R. (1964). What and where are the primary affects? Some evidence for a theory. *Perceptual and Motor Skills*, 18 (1), pp. 119-158.

Tracy, J. L., & Matsumoto, D. (2008). *The spontaneous expression of pride and shame: Evidence for biologically innate nonverbal displays*. Proceedings of the National Academy of Sciences, 105 (33), pp. 11655-11660.

Weiss, F., Blum, G. S., & Gleberman, L. (1987). Anatomically based measurement of facial expression in simulated versus hypnotically induced affect. *Motivation and Emotion*, 11, pp. 67–81.

Yan WJ, Li X, Wang SJ, Zhao G, Liu YJ, Chen YH, Fu X. (2014). CASME II: an improved spontaneous micro-expression database and the baseline evaluation. *PLoS One*. 2014 Jan 27;9 (1) :e86041. doi: 10.1371/journal. pone.0086041. eCollection 2014.

顔色をうかがうは正解だった!
微表情《0.2秒のホンネ》を見抜く技術

2016年8月2日　第1刷発行

著者　清水建二

発行者　土井尚道
発行所　株式会社 飛鳥新社
〒 101-0003
東京都千代田区一ツ橋2-4-3 光文恒産ビル
電話(営業)03-3263-7770
電話(編集)03-3263-7773
http://www.asukashinsha.co.jp

ブックデザイン　小口翔平(tobufune)
イラスト　コットンズ+いさじたけひろ

印刷・製本　中央精版印刷株式会社

ISBN 978-4-86410-497-5

編集担当　花島絵里奈